廣播學新論

洪賢智　著

五南圖書出版公司 印行

推薦序一

◆◆◆

　　廣播媒體的出現，距今已超過80年以上了。回想小時候，和家裡祖父、母一起收聽歌仔戲、流行歌曲。特別是在寒冬月黑風高的夜裡，與兄弟姊妹躲在棉被窩，又愛又怕地收聽吳非宋先生的「吸血鬼」連續劇。雖然事隔多年，但斯情斯景，仍歷歷眼前，無法忘懷！因此，或許我們可以這麼說：廣播是陪伴許多人成長的身邊伴侶。

　　如今，電子媒體因數位化的結果，導致廣播與電視之間的界線愈來愈模糊，甚至可能會愈來愈往電腦的方向靠攏。然而，廣播與聽眾的「親密性」依然存在，這是其他媒體所不能取代的。既然如此，在設有傳統廣播、電視與傳播相關科系的大專院校，「廣播」這個課程也就不但不能廢除，而且更要針對它的過去、現在與未來，好好加以研究。

　　本書作者洪賢智老師，是我在世新大學廣播電視電影學系的同事。為了上課所需，洪老師不但博覽群書，而且親自到廣播電臺實際瞭解一些新的設備與數位科技的運用。由於洪老師本身也曾經在廣告相關行業工作過，因此對廣播、電視、報紙、雜誌等大眾傳播媒體，本身就相當熟悉。今有幸拜讀洪老師大作，發現本書內容非常豐富，除廣播相關發展歷史、基本原理、經營管理與法規等等，均有敘述之外，對於廣播最新硬體設備和節目製作走向等範疇，亦詳加介紹。最重要的是，對於數位廣播與網路廣播的發展與未來，多有精彩的論述。相信本書對讀者有所助益，故樂為序。

銘傳大學廣電系系主任

2005年冬

推薦序二

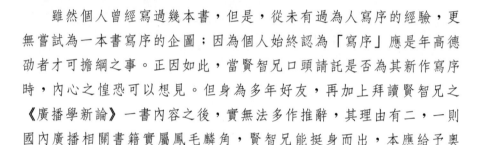

　　雖然個人曾經寫過幾本書，但是，從未有過為人寫序的經驗，更無嘗試為一本書寫序的企圖；因為個人始終認為「寫序」應是年高德劭者才可擔綱之事。正因如此，當賢智兄口頭請託是否為其新作寫序時，內心之惶恐可以想見。但身為多年好友，再加上拜讀賢智兄之《廣播學新論》一書內容之後，實無法多作推辭，其理由有二，一則國內廣播相關書籍實屬鳳毛麟角，賢智兄能挺身而出，本應給予奧援；二則本書內容之實用性，必然可為學術界及廣播從業人員多所參考，更應為此給予道賀。

　　綜觀臺灣的廣播環境，於民國82年起頻道大量的開放，使得中小功率形構了社區服務與類型化呈現的廣播新取向；隨後的多種聯播模式，營造了電臺經營與節目產製的廣播新思維。其後，廣播從業人員所要面對的再也不是關在錄音室內，自我陶醉的構思與製播，而是必須不斷創新內容與面對市場競爭，理出一套具效率的經營理念，以便提升其生存能力。

　　廣播節目的產製與經營，從其表現形式與構成元素的簡單性，常會使人誤解此一媒體似乎不具深度，尤其廣播媒體物美價廉方便的輔助特質，更使其長久存在於邊緣化，以及與主流媒體的競爭力必然居於劣勢的宿命。然而，正因廣播媒體的可親近性，使得廣播在大眾傳播媒體的環節中，扮演的角色始終能夠屹立不搖。

　　賢智兄在本書中以深入淺出與淺顯易懂的筆觸，具體道出國內廣播節目產製的相關情境。就理論層面而論，本書對描繪臺灣廣播政策與法規衍化的見解，有多元且具深度的資訊整理；就實務面而言，本

書可提供從業人員無論是科技結構亦或節目製播皆有鉅細靡遺的引介。此點更是如個人於前所述,為何應給予賢智兄奧援更應給予道賀的緣由。

　　個人更想推崇的是,賢智兄於本書中對廣播學的探討,係從科技、政策以及法規的演變之外部面向,乃至節目企劃、產製以及經營之內部面向皆能廣泛收納於本書之中,可見賢智兄對本書資料蒐集所下功夫。要非賢智兄長期投入實務觀察,必然難於以文字對廣播的行業有如此具體而微的描述。本書的貢獻,除了在其對廣播領域的廣層面探討,尤其是能為廣播製播情境帶來較新科技形式的介紹,以及著重於對媒介接收者與效果分析上的明確性。基於此一背景,個人有幸居先拜讀,自當樂於提出拜讀賢智兄新作後之淺見與大家分享。

政大廣電系主任

陳清河 謹誌

於2003.6.6

自 序

◆◆◆

　　自民國82年起，政府分九梯次廣播頻率開放，讓有意經營者申請，截至2001年10月為止，預計臺灣電臺有174家之多，廣播市場已進入戰國時代，各家電臺也以策略聯盟方式希望立足於市場中。另一方面，新傳播科技的發展數位寬頻網路時代的來臨，傳統的類比廣播也將被數位取代，而網路廣播也以另一型態出現，關於這兩方面的研究都散見於各類期刊、書籍中。以至於在教學運用上述教材時顯得雜亂無章。因此引發動機想把這些先進知識作有系統的整理和解釋，而完成新的廣播學知識。對課堂上的教學有其連貫性，同時對學生而言，可增加學習的理解力和效率，終於在今年完成本書。

　　本書完成要感謝蔡念中主任提供寫作的方向，莊克仁主任在廣播節目製作知識給予指點，林亦堂主任在廣播法規章節提供獨特的見解，黃雅琴老師在全國廣播的概況分析與整理給與資料使本書內容更加充實。為了讓本書的知識能和業界實務工作互相契合，特請中廣公司客語電臺臺長黃自立先生對本書內容提出建議和修正，更加充實了廣播實務方面的技術知識，書中若有掛一漏萬之處，尚祈先進前輩，不吝指教。

　　在經過多年的準備後，承蒙五南圖書出版公司副總編輯陳念祖先生的幫忙，才能在預定日期內順利出版，讓我與學生在課堂上的學習更加方便。

洪賢智　謹識

於世新研究室

目　錄

第 **1** 章

廣　播

第一節　廣播與生活

　　廣播事業的發展迄今已八十多年的歷史，雖到1940年代因電視的興起而漸趨緩慢以及近年新興科技的誕生，如錄放影機、有線、衛星的威脅之下，廣播重新變換角色成為其他媒介不可替代的互補性媒體。廣播應變性強，貼近生活，節目內容類型化能滿足各種不同聽眾的需求，現已成為生活中的一部分。

　　根據AC尼爾遜公司所提供的2000-2004年廣播接觸率的資料分析，廣播接觸率大約維持三成五左右的人口。潤利艾克曼公司在2012-2013年的調查，不聽廣播的受訪者介於45.55%至57%之間。從這兩項資料顯示，臺灣民眾聽廣播還維持一定的數量。

　　在全國的收聽人口，基北區收聽人口比例最多，其次中彰投地區，再其次為高屏區。在人口結構上，基北區聽眾以老年，大專以上，無工作退休者比例較高；花東地區以退休族為主，中彰投地區以年輕族群為主。

　　在2001年的廣電基金會調查中，有四分之二的聽眾把廣播當成一種背景媒體，在不影響工作、讀書或者休閒活動的情況下，同時可以聽廣播，可見廣播陪伴的重要性。2005年1-6月尼爾遜調查的聽眾收聽行為，平日收聽長度在30分鐘至2小時所占的調查比例為（25.8%）比假日所占的比例（16.2%）為長；以時段來看，上午收聽的比例較高，其次是下午，再來是晚間。在上午及下午收聽的工作狀況是以男性工作者居多，晚間及凌晨以學生比例較高。廣播的收聽黃金時段在08:00～11:59，14:00～17:59，以家庭主婦和開車族為主要聽眾。

　　音樂類型節目還是聽眾最喜歡的節目，年齡在20-29歲，學生、大專以上教育程度。

選擇收聽電臺的原因，以音樂歌曲爲主，其次爲主持人的因素，第三以新聞報導內容豐富性。縱使聽眾在收聽其他類型的電臺，還是期望聽到更多的音樂歌曲。而聽眾希望聽到的音樂類型依序爲國語流行歌、國語老歌／民歌、大自然／輕音樂／演奏、西洋老歌、西洋流行歌曲、臺語流行歌曲、臺語老歌。因居住地區的不同，南部的聽眾比較喜好臺語歌曲和電子音樂，北部地區聽眾則較喜歡古典和爵士音樂。 註1

從以上的調查報告，大約可以瞭解臺灣地區聽眾的收聽動機與行爲，也發現不同的人口特性對廣播收聽需求的影響，但不論任何類型的節目，還是以音樂爲主，可以顯見音樂對廣播電臺的重要性。

目前廣播的第二次威脅來自新興的網路媒體。2001年，廣電基金7月份發表的臺灣地區3至18歲間聽眾媒體使用行爲調查顯示，國內兒童及青少年的廣播使用率占三成左右，使用新興網路媒體的比例在四成以上，而國、高中生正是使用網路比例較高的族群。廣播流失的年輕聽眾，正逐漸被網路媒體所吸收，新興網路媒體對傳統廣播媒體的衝擊已經開始發酵。 註2

第二節　廣播特性

一、廣播的優點

1. 明確市場區隔

電臺趨向類型化，各以自己的特色對特定的聽眾製作節目，廣播已成「窄播」。

2. 時效性高的媒體

廣播傳遞消息快速，可因應時事立刻播出新聞，或作現場的報

導，尤其是發生重大災變時，其他電子媒體受制於電力干擾，廣播則不受影響，仍可即時廣播重大事件發生的過程。

3. 忠誠度高

個人聽廣播時，常偏好於某類型的節目，收聽節目具有習慣性，忠誠度很高，不會經常變更頻道。

4. 動態性媒體

收音機不受時空限制便於攜帶，可跟隨人的活動或工作而聽廣播，較不影響主要活動，不像其他媒體因活動關係而無法接觸訊息內容。

5. 情感性媒體

廣播主要靠聲音進行與聽眾交流，廣播節目製作時可運用感情的聲音、語氣或抑揚頓挫的語調來激發聽眾的情感，發揮想像力，在節目中利用聲音技巧在聽眾的腦海裡創造無限的想像空間。

二、廣播的缺點

1. 缺少畫面

由於廣播只有聲音而缺乏影像的輔助，比較不會吸引人去注意節目內容。

2. 稍縱即逝

廣播訊息是無形的，一經播出後，除非是重複廣播，否則內容無法記得很清楚。

3. 範圍有限

因電臺功率不同，地區不同，收聽的範圍有其限制，除非聯播，否則僅能接觸到部分聽眾。

4. 容易分心

聽眾一面工作，邊聽廣播，因此很容易對內容分心，聽眾常被音樂吸引而忽略了廣播訊息，如果內容沒有吸引人注意的地方，很容易被聽眾忘了。

5. 受新興媒體的影響

受錄影帶、有線電視臺、直播衛星、網路媒體等新興媒體的影響，導致收聽廣播的比率逐漸降低。 註3

第三節　廣播功能

從大眾傳播原理來說，任何傳播媒介的功能不外乎娛樂、教育、參與協調、提供資訊和經濟上的功能。

1. 娛樂功能

1930年代廣播剛出現時，就以連續劇來吸引家庭主婦，因肥皂廠商爲了促銷產品經常贊助連續劇節目，故又稱肥皂劇。據傳播學者賀佐伯對當時家庭主婦收聽的動機調查發現，情感的投入是主要原因。1938年美國哥倫比亞廣播公司（CBS）播出廣播劇「火星人來襲」，造成聽眾過度反應。據研究發現有120萬的聽眾產生了生理和行爲上的恐慌，引起傳播學者對傳播效果的研究而提出「子彈理論」。

1950年廣播受到電視的威脅，紛紛改變為以音樂為主的型態。人們在繁忙的工作後，晚上就寢前都會打開收音機聽音樂藉以調劑精神，放鬆心情，鬆弛一天緊張的壓力。改型後的廣播成為個人化的媒體，人們可以一面工作一面聽廣播，不用花心力去思考內容，而成為工作上的夥伴，如便利商店的服務人員、深夜執勤人員，無不把廣播視為最佳的伴侶。

2. 提供資訊

在早期第三世界的國家為加速發展整體經濟、社會、衛生保健，都以廣播作為論壇中心「Forum」，原因是未開發國家人民的識字能力低文盲多，而廣播是人人都聽得懂的媒介，其次廣播涵蓋範圍較廣，在偏遠地區的民眾也可聽得到訊息內容。基於這種優勢，第三世界國家就利用它來教導人民如何耕種，以增加單位生產，宣導節育措施和防止愛滋病的知識以配合國家政策。現代廣播節目提供的資訊包括：新聞、交通氣象、生活百科、旅遊等資訊，增加了聽眾的見聞與知識。

3. 教育社會

21世紀是終身教育的時代，活到老學到老成為現代人的觀念，政府為了推行這項政策必須利用電子媒體作為傳授知識與再教育的工具。電子傳播媒介協助聽眾突破教育程度與時空的限制，使學習普遍化、大眾化，同時給予傳統的教育方式學習的人擁有更多的自主權和時間上彈性的應用。世界各國不論是已開發或開發中國家都紛紛設立空中教育藉由廣播媒介來推廣教育，或實施正統教育，或進行在職進修教育。在國外，英國設有「開放大學」、日本「放送大學」、南非「空中大學」，都是以教育目的而設立。

在我國設有教育廣播電臺，專門利用空中來教授課程內容。並設有空中行專、空中大學經由廣播教授學習而獲得學位。在各電臺節

目中也有播放各類型的語文節目,最著名歷史悠久的是空中英語教室,想學英文的人可以選擇播放時段收聽,以增加英文聽力。

4. 參與及決策功能

在民主社會最可貴的精神是容許不同意見的表達,自從頻道開放後,Call in節目非常盛行,電臺的節目接受Call in,讓聽眾對議題有所表達,並提供大眾對存在問題參與討論引起關注,大大增加了替代性參與機會,其中最大所詬病的是有時變成個人人身攻擊,擴大社會衝突。

電臺也有出現政治性評論的節目,針對政府的決策措施提出建議與批評,發揮了媒體監督政府第四權的功能。在健全的民主程序過程中,人民必須瞭解代議士的競選政策和內容,獲得足夠的資訊才能投下神聖一票,而在競選期間各政黨候選人也可利用廣播廣告表達爭取選民的支持,人民從中獲得資訊,進而促進參與決策。 註4

5. 促進經濟繁榮

媒體必須靠廣告的財源資助才能維持運作,媒體有了廣告營收,才有資金購買設備,聘請專業人士製作高品質節目供聽眾享用。廣告會刺激聽眾消費,廠商為滿足消費會大量生產,降低單位生產成本,促進社會經濟繁榮。

第四節　當今廣播的角色

當今的廣播和八十年前相比,我們發現它已改變了角色的扮演。

1. 組織結構

廣播從全國性的廣播網系統成為地方性的媒體。地方電臺必須提供社區服務以提高電臺知名度，吸引聽眾才有收入，規模變小了。

2. 內容

八十年前，廣播的內容包括肥皂劇、情境喜劇、戲劇、綜藝節目類型，今天廣播的節目內容以音樂和資訊為主。以前是線性、戲劇結構，現改為非線性結構，甚至10分鐘的小單元節目。

3. 功能

廣播已從室內故事的講述人，轉變成個人化、機動性。家庭不在一起聽廣播，人們傾向單獨聽廣播，聽眾與電臺發展成個人收聽關係。收音機已不限於室內收聽，可隨個人的活動，如旅遊、登山而走向戶外，人們亦可以使用汽車上的收音機收聽交通報導。

4. 補充性

廣播已被聽眾當成活動時次要的媒體，人們在工作當中作為背景或伴隨當時的活動而被使用。廣告商利用廣播當作廣告活動中的次要媒體，讓部分和電視無法接觸到的聽眾，經由廣播加強廣告訊息的印象。

註　釋

註釋1：中華民國廣播年鑑2003-2004。

註釋2：許毓容（2001）：《2001年廣播收聽行為大調查》，臺
北：廣電人月刊，No. 84，頁8-9。

註釋3：Willam Wells, John Burnett, Sandra Moriarty, (1988) *Advertising Principles and Prectice* Prentice-Hall, INC, pp.266-269.

註釋4：徐佳士（1987）：《大眾傳播理論》，臺北：正中書局，
頁44-45。

第 **2** 章

廣播發展史

第一節　外國廣播史

一、廣播的發明

　　廣播的原理是電學和電磁學發展的結果，利用「電磁效應」把聲音的音波轉變成無線波才能傳送到遠方。無線電的發明和電報的演進有相當的關聯性，自從1799年蓄電池發明之後，有不少人對電學的原理感到興趣。直到19世紀初美國摩斯（Samuel F. B. Morse）才發明電報成功。

　　摩斯原本是畫家，1828年到歐洲進修，三年後在返航途中聽到有人說可將電氣從任何長度的電線上傳遞出去，於是他在船上開始研究摩斯符碼。他利用紐約市立大學當繪圖員的薪水和賣畫所得作為研究電報費用，終於完成一具電報符號接受機。1838年，他帶自己發明的電報到華府國會申請資助但被回絕。到1843年，國會才提撥三萬美金專供他研究電報。摩斯第一次成功拍發第一個電報是從華府的聯邦高等法院掛上一條長達50英哩的電線，直接通到馬里蘭州的巴爾的摩城。當時摩斯拍電報所用的符號，是把字母、數字或其他符號轉換成為電報所用的點與短的橫記號。

　　早在電報發明後的三十年也就是1873年，蘇格蘭的物理學家麥斯威爾（James Clerk Maxwell）在他的《電磁論》書中預言，在大氣中有電磁波的存在，電磁波以每秒30萬公里的速度傳播，人們可以在相距遙遠的兩地之間建立起瞬時可達的通訊網絡。後來物理學家也實驗證明他的理論，因此他被尊稱為「無線電之父」。

　　1884年，德國科學家赫茲（Heinrech Hertz）發明產生無線電波以及發射、接收無線電波的方法。1888年赫茲證實了電磁波的存在與特性，並發現電磁波的頻率範圍可區分為長波、中波、短波、極短

波、超短波及微波等不同波段。但各波段無線電波在空氣中進行速度和光是一樣，約每秒18萬6,000英哩約地球七圈半。同時，赫茲也發明測量光波與無線電波波長的方法。光波長約從三萬分之一到六萬分之一英吋，而無線電波長是從數英吋到數英哩。1967年，日內瓦國際電訊會議爲紀念赫茲對無線電波發明的成就，會中決議以赫茲的縮寫Hz簡稱「赫」作爲計算頻率的單位。註1

　　早期研究無線電報的科學家有俄國物理學家亞歷山大、波波夫和義大利發明家馬可尼。波波夫早在1891已開始研究無線電通訊、1895年5月7日在聖彼得堡化學協會物理學年會上發表研究成果，並展示一架無線電接收器。隔年，他成功實驗了海上船舶間的無線通訊距離約250海哩。1900年製成了無線電的收與發報機，發射的有效範圍約148公里。這種無線電報的收發設備早期用在俄國海軍軍艦之間的通訊聯絡。註2

　　1895年8月，馬可尼發明了天地線，使無線電波經由天線進入天空，增加傳送距離，在接收方面，當時每分鐘可接收15個電碼字，馬可尼的無線電報並沒有受到義大利國家的重視。1896年，馬可尼轉往倫敦，在英國郵政總局監督下，成功表演了無線電訊號傳送，當時距離約100碼左右。之後不斷實驗，到了1897年8月，無線電訊號有效距離可增加到34英哩，聲音也很清楚，並取得無線電報專利權。

　　1898年5月，英國都柏林每日快報爲了快速報導金史湯地方的遊艇比賽，委託馬可尼在遊艇上裝無線電發報機利用摩斯電碼把比賽情形立刻傳到報社，受到相當重視。

　　1899年，馬可尼在英國康威耳建一座十二瓦電力發報機，而在兩千英哩外的紐芬蘭裝收報機，經試驗後聲音清晰可聽，傳送距離又創了新紀錄，世界各國都感到非常驚訝。

　　1901年後，英國要求所有軍艦和商船都必須設置無線電收發報機設備，增進了海上航行的安全。1912年，英國輪船共和號和豪

華遊輪鐵達尼號在航行中失事，幸好名叫戴維·薩爾諾夫（David Sarnoff）經由無線電呼救，在50哩外的卡帕色斯號快速前來迎救，使生命財產的損失減至最低。1910年，美國也頒布「無線電船隻條例」，要求所有船隻必須裝廣播裝置，保障船隻在海上的安全。

1897年，英國成立了馬可尼無線電公司，1899年後，美國、法國、義大利、比利時與俄國都相繼成立了馬可尼無線電公司，可見馬可尼對全世界的電訊事業的貢獻和影響力。註3

電話的發明和廣播的演進亦有密切關係。1872年，亞歷山大·貝爾（A. G. Bell）在他的研究室實驗，在一條長銅線的兩端各裝一片金屬薄膜，作電磁場的振動實驗，因為不小心踢倒蓄電池而使硫酸灑了滿地，貝爾大叫幫忙，而在另一端的助理聽到貝爾的弱小呼救聲而趕來處理。貝爾的電話通訊終至成功。1877年，貝爾在美國成立了貝爾電話公司。

1900年以後，科學家也從事研究把聲音利用無線電波傳到遠方。研究結果需藉助於發射力的高頻率電波和真空管，才能產生、放大、接收電波。1904年，佛萊明（J. Ambrose Fleming）發明了二極真空管。兩年之後，狄·佛瑞斯特（Lee De Forest）在二極真空管中加入一個小格子的極板成為三極真空管，可控制電子陰極到陽極的流動。真空管的發明代表了機械時代進入電子時代，促成了通訊革命。因此，有人尊稱狄佛瑞斯特博士為「廣播之父」。註4

但狄氏的三極真空管，仍留有殘餘氣體，會產生游離電子使廣播受到干擾，這個問題直到1913年水銀抽空機發明之後，真空管才真正的真空不會產生干擾，才獲得解決。

就在這個時期，美國匹茲堡大學物理學教授費森登（Reginald Fessenden）發明了廣播外插式線路，大大提昇聲音的傳真度。同時他又發明了高頻率的交流發電機，增強發射的訊號，擴大了廣播收訊的範圍。註5

1906年的聖誕節之夜，費森登在紐約附近作了一次實驗，航行

在大西洋西海岸的船上，有人在耳機聽到人的說話聲，仔細聽是在朗讀聖誕故事，之後播放小提琴的演奏曲和德國作曲家韓德爾的〈舒緩曲〉唱片聲，最後是大家唱聖誕快樂歌。雖然廣播時間只有短短的幾分鐘，卻被全世界公認為第一次成功的廣播，無線電聲音廣播從此誕生。註6

　　1914年第一次世界大戰爆發，各國都把無線電臺用在軍事用途上，使得廣播的研究發展受到阻礙，一直到1918年，大戰結束後，廣播電臺才開始再度受到重視而發展起來。

二、美國廣播系統的形成

　　1920年9月，西屋電器公司為了推銷收音機，負責人戴維斯於1920年向美國聯邦政府申請廣播電臺。10月27日政府頒發了商業電臺營業執照。1920年11月2日，匹茲堡KDKA廣播電臺開始播音。這是廣播的第一個節目，報導內容為哈定和柯克斯兩人競選總統的選舉結果。KDKA廣播電臺雖然不是美國最早開始播音的電臺，但由於它是第一個取得營業執照的商業廣播電臺，所以它就成了美國歷史上第一座正式的廣播電臺，也被公認為世界上第一家正式的廣播電臺。註7

　　到1922年底電臺數量增加到600個，收音機銷售額增加到6,000萬元。1923年收音機銷售量擴增一倍，1924年銷售額達3.58億美元。

　　1919年，美國無線電公司（RCA）開始建立國家廣播公司，剛成立時也是為了促銷收音機。1927年，威廉·S·佩利（William. S. Paley）成立了哥倫比亞廣播公司（CBS）。廣播網已開始形成了。

　　隨著電臺愈來愈多，電臺之間的訊號會相互干擾，廣播業者也希望政府有法律去規範維持廣播秩序。美國國會立法通過「1912年無線電廣播法」（The Radio Act of 1912）禁止私人業餘無線電波干擾無線電傳播。1927年，無線電廣播法（The Radio Act of 1927）規定調幅頻率在540-1,600千赫之間。將調幅廣播的幅寬500千赫縮小為50千赫，既可增加頻率數量，又可減少干擾，對於電臺採取嚴格審查

和發照。1934年國會制訂「聯邦傳播條約」，並成立「聯邦傳播委員會」。該委員會負責監督電話、電報、廣播、傳播是否達到公眾的「興趣、便利、需要」，而決定是否繼續頒發執照。

1903年柏林會議和1925年哈瓦那條約規定了廣播頻率使用的國際秩序。而國家內部的分配頻率由各國政府去規劃安排。

電臺最初所播送的節目僅連續劇和情境喜劇。但隨著節目不斷擴大，製作節目的費用已無法靠銷售收音機的金額承擔。因此必須靠廣告來加以支持，早期廣播電臺廣告的模式，是民眾利用公共電話，把商業訊息藉由電臺播送。很多公司不太習慣廣告中斷了節目，認為破壞氣氛。1922年，商業部長赫‧伯特‧胡佛說「在新聞、娛樂教育節目中插入廣告是不能想像的事」，但最後廣告也被接受了。

另一種節省費用的辦法是建立廣播網。目的是為了增加每個電臺的節目範圍，擴大影響力，贊助的廣告主其產品可以在節目中出現。

三、廣播網形成

1922年，美國電話電報公司在紐約設立WEAF電臺，首次接受廣告，其贊助廠商為紐約市的金波兄弟百貨公司。1923年，WEAF電臺利用專線把節目送到波士頓WNAC電臺聯播，聯播網有了開端。 註8

「廣播聯播網」，是指兩個以上的廣播電臺，同時播出同一節目，即節目的聯播。廣播網中心電臺，稱為「主臺」（Network Owned And Operated Station）。參加廣播網的聯播電臺，稱為「附屬臺」（Affiliated Station）。獨立臺則不加入廣播網，自己製作節目（Independent Station）。

1926年11月15日，美國國家廣播網開始運作，總計有19個電臺播放節目，美國商業性廣播真正開始。國家廣播公司（NBC）與WEAF臺相連稱為紅網，與WJZ的聯網臺稱為藍網。紅網節目以娛樂為主，藍網則以公共事務、文化性節目為主。兩者互有互補關係而非競爭關

係。1927年9月18日，聯合獨立廣播臺與哥倫比亞唱片公司結盟，改名哥倫比亞唱片廣播系統。一年後，這個廣播網由費城的威廉‧佩利家庭以40萬美元買下，改名為哥倫比亞廣播公司（CBS）。 註9

　　1938年，國家與哥倫比亞廣播網占了全美一半的廣播事業。但根據1934年的「傳播管理條例」規定一個廣播組織在同一地區間只能經營一個廣播網。國家廣播公司被迫出售WJZ的藍色廣播網以免觸犯反壟斷法，保留紅色廣播網。而藍色廣播網則成立了美國廣播公司（ABC）。美國三大廣播網正式形成，並影響至今。三大廣播網為爭取聽眾和廣告客戶，在節目上和廣播市場上形成激烈的競爭，使美國的無線廣播事業占有領導的地位。

　　1934年，紐約的WOR電臺、芝加哥的WGN、底特律的WXYZ電臺、辛辛那提的WLW成立了第四個無線電廣播網，稱為「相互廣播系統」。一直到了1930年代末期，全國850個無線電廣播電臺中大約有700個是廣播網附屬臺。 註10

　　儘管經濟上大蕭條，但廣播網的經濟狀況是良好的。因為其節目內容有戲劇、音劇、音樂、新聞等，吸引了全國的聽眾。當時國家廣播公司每天都播出15分鐘的連續劇節目。國家廣播公司的藍網和相互廣播公司也播放一些肥皂劇。因為受到肥皂公司的大力贊助，這種肥皂劇在當時吸引了大量的婦女聽眾，其他受歡迎的節目，還包括了情境喜劇和音樂節目。

　　第二次世界大戰期間，廣播成為聽眾主要新聞來源，他們想瞭解海外子弟作戰的情形，而廣播網也會隨時播送海外採訪的消息。哥倫比亞與國家廣播公司也都設置了短波系統，使新聞能從歐洲傳回本國。1934年，美國總統弗蘭克林‧羅斯福利用廣播發表新政，藉由廣播和全國廣大民眾交談，觸動美國社會各階層的心弦，拉近彼此之間距離，這就是著名的「爐邊談話」，以後的總統也常仿效利用廣播來作施政報告，無線廣播在這段時期對鼓舞民心和動員作戰作了最大貢獻，同時也不失其本身的娛樂和傳遞信息的功能。 註11

四、廣播業的衰退

　　第二次世界大戰的結束意味著無線電廣播節目的重大轉變，電視已漸開始向全國播送。戲劇和喜劇變成了電視臺節目的主要內容。1940年調頻正式使用，到了1948年，有600多個調頻電臺得到工作許可證。而調幅播送技術的改變，調整了調幅電臺之間的距離。

　　從1945至1952年，調幅臺由940個增加到將近2,400個。大多數是低功率臺，許多是只在白天播出的臺。新的調頻臺通常成了調幅臺的延伸，其做法就是重複調幅臺的節目。由於愈來愈多的聽眾收看晚間的電視，使得許多資助者漸漸地不再資助無線電廣播的夜間節目了。註12

　　廣播網失去了經濟基礎。1960年廣播網的主要節目——肥皂劇也停播。電臺迅速改變了節目型態，最初以唱片音樂欣賞節目，後續發展增加了體育、新聞節目。

第二節　我國廣播史

一、大陸時期電臺

　　清朝末年，我國已開始使用無線電報。光緒31年，北洋大臣袁世凱已聘請義大利海軍軍官葛拉司在天津開設無線電報人員的訓練班。同時期在北京、天津、保定與北洋海軍的船艦上都裝設無線電報收發機，作為軍事情報上的傳訊。1908年，上海與崇明島之間的海底電纜損壞時，江蘇省也利用無線電報機代替兩地之間的通訊。這是我國民間使用無線電報的開端。註13

　　1922年12月，美國人奧斯本在上海創設廣播電臺，並創辦中國無線電公司，呼號XRO，發射功率50瓦，並於1923年1月23日晚上首次播音，這是中國境內的第一座廣播電臺。但因未獲得北洋政府的批

准而遭到取締，以至於電臺停止播音。

　　1924年5月，美商開洛公司又在上海設立廣播電臺，呼號KRC，發射功率為100瓦，並與上海電報合作播報新聞，每天早晚各播一次，一直到1929年10月宣告結束。註14

　　當時北洋政府交通部也設立了無線電廣播公司準備籌建廣播電臺。1926年10月1日，哈爾濱無線廣播電臺開始播音，呼號XOH，發射功率100瓦，每天播兩小時，這是我國自辦的第一座廣播電臺。1927年5月15日天津無線廣播電臺也開始播音，呼號COTN，發射功率500瓦。同年9月1日北京廣播電臺也播音，呼號COPK，發射功率100瓦，以上三家無線廣播電臺都是國家辦的公營廣播電臺。1927年3月我國第一家的民營廣播電臺，由上海新新公司所設立的，發射功率只有50瓦，主要是為了推銷該公司所製造的收音機。

　　陳果夫先生認為廣播是宣揚主義的有利工具，因此在1928年8月1日在南京設立中國國民黨中央執行委員會廣播無線電臺，簡稱「中央廣播電臺」，呼號XKM，發射功率500瓦，每天下午、晚間各播一次，總共三小時。1932年擴大發射功率為75千瓦，呼號改為XGOA，是當時亞洲發射功率最強的廣播電臺。國民黨除在南京設中央臺外，還在全國主要城市建立地方廣播電臺，最早的是1928年10月開始播音的浙江省廣播電臺。註15

二、臺灣時期的電臺

　　1946年9月15日創立於上海的民本廣播電臺隨國民黨政府撤退來臺，於1949年9月15日在臺北市開播為臺灣第一座民營商業電臺。由於時空環境關係，政府對廣播加以嚴格的管制，作為反共抗俄的宣傳媒介之一。1950年為了對大陸作心戰，在金門馬祖設有軍用電臺，包括了光華之聲、軍中播音總隊（後改名為漢聲電臺）和正義之聲。註16

　　1957年8月1日國防部軍事情報局成立了復興廣播電臺，主要是

對大陸地區的心戰教育和干擾大陸地區的頻率，防止訊號被臺灣地區接收。而在1928年成立的中央電臺也於1950年改隸國防部總政治部心戰處對大陸地區展開心戰，後來改組，合併在中廣海外部。註17

　　政府基於政令宣導和公共服務的需要，於1954至1984年間成立了幾家公營電臺。警察廣播電臺於1954年成立，目的是服務大眾，增進警民情感與合作，目前隸屬內政部警政署。1960年教育部成立教育電臺作為廣播教學之用，是我國唯一的教育專業電臺。1961年屬於警備總部的臺北電臺成立，1972年改編為臺北市政府，1978年更名為「臺北市政府廣播電臺」，1991年改名為「臺北電臺」，以報導臺北市公共事務和政令宣導工作為主。1982年高雄市政府成立高雄電臺，報導高雄市的市政和政令宣傳。1984年臺灣省農林廳為服務漁民設立了臺灣區漁業電臺。

　　對於頻道的管制政策，政府對民營電臺採有限度的開放和管理。至1950年代臺灣全島的民營電臺總共才23家，雖是民營但也要肩負宣導政令的任務，註18 直到1993年才開放廣播電臺頻道的申請。

　　隸屬於中國國民黨的中國廣播公司於1968年7月31日成立，為我國第一座的調頻電臺，1972年8月1日起在花蓮玉里、臺東設調頻臺，至目前為止在全省各地，包括臺北、新竹、臺中、高雄、宜蘭、花東地區都分設調頻臺，成為我國最早的調頻聯網廣播系統。註19 為遵守黨政軍退出媒體經營原則，於2005年12月底股權轉讓給時報集團，2007年6月27日國家通訊傳播委員會通過中廣股權轉移給趙少康先生，並同時收回寶島網與音樂網。其他全省聯網調頻臺還有復興、漢聲、警廣、教育電臺。

　　臺北國際社區電臺的前身為美軍電臺（AFNF），1979年中美斷交後才接替成立的，主要特色是國內唯一以英語發音的電臺。

表 2-1　中華民國廣播電臺統計表（以 1989 年為準）

類　　　　　　　　　別	家數	臺數
民營電臺 華聲、勝利之聲、電聲、成功、基隆、中聲、燕聲、中華、先聲、國聲、建國、民立、天聲、臺廣、正聲、鳳鳴、益世、民本、天南、ICRT	20	56
軍、公營電臺 ・軍營電臺： 　漢聲、復興、空軍、光華、中央、復興崗 ・公營電臺： 　警察、幼獅、教育、臺北市政、漁業、高雄市政	12	85
中國廣播公司	1	45
總　　　　　　　　計	33	186

三、目前廣播事業的概況

　　自從政府播遷來臺之後，由於時空環境的關係，對媒體施以嚴格的管制。因此，在1987年前已設立的電臺計有33家，民營21家、公營12家。

　　至1987年政治解嚴、報禁解除，民主潮流蔚為風氣，社會各界對政府長期壟斷電子頻率大肆批評，並要求開放頻率。政府面對各界的要求和輿論的壓力，因此，新聞局會同交通部電信總局檢討廣播頻率使用情形，商議廣播電臺開放作業。自1993年起，新聞局陸續開放無線廣播電臺之申設，至1996年6月共開放八梯次之電臺申請，共計核配118個廣播頻率以供設立新電臺。

　　八個梯次電臺開放案可說各有特色，分述如下：

1. 第一、二梯次開放調頻中功率廣播電臺：調頻中功率電臺開放原則係以一縣、市為服務範圍，其發射電功率為250瓦以上，3,000瓦以下，發射半徑20公里。獲准許可之中功率電

臺，各以其設臺宗旨，建立本臺風格，並針對特定之收聽對象製作節目，期以區隔市場，提高其競爭力。

2. 第三梯次開放調幅廣播電臺：調幅電臺發射電功率為1,000瓦以下，發射半徑40公里，其服務範圍較大，可涵蓋較廣大之收聽群。

3. 第四梯次開放調頻小、中、大功率廣播電臺：小功率電臺發射電功率250瓦以下，發射半徑5公里，其以服務一社區為原則。因此小功率電臺之設臺宗旨，均與社區特性相結合，其能符合社區之需求。大功率電臺發射電功率為3,000瓦以上，30,000瓦以下，發射半徑為60公里，大功率電臺為全區廣播網，僅核配一家。

4. 第五梯次繼續開放調幅及調頻小功率廣播電臺。

5. 第六梯次開放調幅及金馬地區調頻小功率廣播電臺：金馬地區調頻小功率電臺之開放，係使外島地區亦能依其需求設立一個專屬的區域性電臺。為配合金馬地區的地理環境，金、馬調頻小功率電臺之工程標準與本島小功率電臺不同，其發射電功率為750瓦以下。發射半徑為10公里，此發射範圍之擴大，將更能促進外島地區的發展。

6. 第七梯次繼續開放調頻中功率廣播電臺。

7. 第八梯次開放臺北地區客家調頻功率廣播電臺：此次開放係針對服務特定群眾為目的申設案，使得不同之族群、團體、或特殊文化均得有申請電臺之機會，俾建立一個以服務特定對象之專屬電臺。本次開放計核可「財團法人寶島客家廣播電臺」一家電臺。

　　由於1993至1996年間，政府已先後開放八個梯次的廣播頻率，國內廣播事業生態結構鉅變，經營競爭激烈，是否繼續開放，宜就相關層面，妥為評估。故自交通部於1997年提交新聞局可供開放的頻率後，新聞局即積極研析規劃，除委託政治大學調查評估外，並參

酌業界、民意代表和學者專家之意見，分就頻率特性、業者需要、民眾需求、廣播市場現況、弱勢族群及偏遠地區民眾之廣播資源分配情形，及開放對業者的衝擊等面向，深入分析評估後，於1999年5月17日公告第九梯次調頻中、小功率頻率開放案。

第九梯次頻率規劃指定用途部分，係依據特殊族群居住分布現況，指定九個頻率數供原住民母語及客語電臺使用（其中高屏地區共用一個頻率），以照顧特定族群。另依據廣播電視法第九條規定，及立法院第三屆第六會期第二次會議制定國立教育廣播電臺組織條例時通過之附帶決議，教育電臺應增加播送頻率，故保留七個頻率供國立教育電臺使用。扣除以上指定用途頻率，仍有56個頻率供一般電臺申設使用。

第九梯次頻率規劃力求普遍均衡，不但符合社會開放潮流，照顧弱勢族群，且留容一般電臺申設空間。另爲尊重民意，配合立法院附帶決議，擴大教育電臺對偏遠地區民眾教育的服務，期平衡都會及偏遠地區廣播水準，以引導建立一個更多元、均衡、公平、健全的廣播市場。第十梯次是第九梯次中未完成的核配頻率，並且考量花東原住民人口爲全省之冠，期能藉此平衡都會及偏遠地區廣播水準。2012年7月國家通訊傳播委員會通過第十一梯次第一階段廣播電臺釋照規劃草案，預計將釋出三張大功率、九張中功率與二十二張小功率執照。

綜觀以上廣播頻道開放情形，我國廣播頻道已邁向多元化，對聽眾而言，可以有更多選擇，也方便民眾接近使用廣播媒體。 註20

1. 電臺資本額

關於申設電臺之資本額，依廣播法施行細則規定，調幅、調頻廣播電臺均爲新臺幣5,000萬，但若申請設立之目的在服務特定族群、邊遠地區或促進地區之發展則不受此限。現行調頻小功率廣播電臺係以服務社區爲目的，其性質有社區教育功能，其資本額不受新臺幣

表 2-2　調幅及大、中、小功率電臺之技術標準及資本額明細表

電　臺	功　率	發射半徑	資本額（單位：新臺幣元）
大功率	30 千瓦以下	全國	5,000 萬元以上
中功率	3000 瓦以下	20 公里	5,000 萬元以下
小功率	750 瓦以下	（10 至 15 公里之間）依 87 年 1 月 1 日起實施小功率廣播電臺服務區調整，宜蘭、花蓮、臺東及澎湖地區調整為 15 公里	服務特定族群、偏遠地區，促進地區性發展不受 5,000 萬元限制，惟應符合公司法股份有限公司 100 萬元最低資本額限定，小功率原規定發射功率為 250 瓦以下，後因業者陳情而放寬
調　幅	1000 瓦以下	40 公里以內	5,000 萬元以下

5,000萬元限制，但應符合公司法規定，其最低資本額為新臺幣100萬元。調頻中功率寶島客家廣播電臺，係以服務特定族群為對象，其登記之金額為新臺幣3,000萬元，亦不受資本額5,000萬元之限制。

2. 訂定聯播處理原則

　　頻率開放以來，前後共有171家獲准籌設，加上原來之電臺，廣播電臺面臨空前競爭的局面，廣播市場呈現前所未有的活力與生氣，合縱連橫態勢逐漸形成。業者自發性的調整經營方向，部分電臺採取聯播或策略聯盟的作法，以降低營運成本、擴展收聽範圍、增加營收，使能永續經營。新聞局基於主管機關立場，為及早因應此廣播事業新生態，在尊重自由市場機制，及兼顧輔導業者健全發展之前提下，希望業者在進行聯合經營或聯播時，仍應維持電臺原有屬性，做好市場區隔，朝良性競爭努力，方能有助於整體廣播事業之發展。經積極與公平交易委員會研商，乃於1997年5月21日公布「廣播電臺聯合經營及聯播等事宜現階段之管理原則」，內容如下：

(1) 聯合經營原則

　　目前廣播電視法原則上並未禁止廣播聯合經營行為，惟聯合經營因仍涉及公平交易法經營權之聯合，因此仍應依個案向行政院公平會依法申請許可。

(2) 聯播原則

　　① 聯播程序：非屬新聞局依法指定之聯播行為，其進行聯播之電臺應由主播電臺向新聞局報備。

　　② 聯播前提：電臺進行聯播不得違背電臺營運計畫。

　　③ 聯播比例：大、中功率之獨立電臺聯播比率不得高於50%；小功率獨立電臺不得高於70%；設有分臺之電臺，其分臺聯播比率比照小功率電臺標準。

　　④ 聯播方式：電臺聯播時，仍應維持本臺之臺名、呼號及頻率。

表 2-3　目前各系統業者的串聯狀況一覽　　　　　　　（資料自行整理）

	地　區	頻道	原電臺
Apple line 蘋果線上	彰化南投雲林嘉義臺南	*FM98.9*	正港電臺
	臺南高雄	*FM98.7*	青春電臺
	澎湖金門馬祖	*FM93.9*	大地之聲
亞洲電臺	桃園	*FM92.7*	亞洲電臺
	新竹	*FM92.3*	新苗電臺
快樂廣播網（ETFM）	大臺北	*FM89.3*	全景電臺
	大臺中	*FM89.5*	真善美電臺
	雲嘉地區	*FM89.3*	嘉樂電臺
	大高雄	*FM97.5*	快樂電臺
	花東地區	*FM98.3*	歡樂電臺
	澎湖地區	*FM91.3*	風聲電臺

UFO Net 飛碟聯播網	基北地區	FM92.1	飛碟電臺
	新竹地區	FM90.7	大新竹電臺
	苗栗地區	FM91.3	中港溪電臺
	臺中地區	FM89.9	真善美電臺
	嘉義地區	FM90.5	民生展望電臺
	高雄地區	FM103.9	南臺灣電臺
	宜蘭地區	FM89.9	宜蘭產業電臺
	花蓮地區	FM91.3	太魯閣電臺
	臺東地區	FM91.3	知本電臺
	澎湖地區	FM89.7	澎湖社區電臺
News 98 聯播網	基北地區（全民）	FM98.1	全民電臺
	高雄地區（下港）	FM90.5	下港電臺
Kiss R.大眾聯播網	苗栗地區	FM98.3	大苗栗電臺
	南投地區	FM99.7	南投電臺
	臺南地區	FM97.1	臺南知音電臺
	高雄地區	FM99.9	大眾電臺
Hit FM 音樂聯播網	基北地區	FM91.7	女性電臺
	臺中地區	FM91.5	中臺灣電臺
	高雄地區	FM90.1	高屏電臺
好事聯播網‧港都電臺	北部地區	FM98.9	好事電臺
	中部地區	FM90.3	山海屯電臺
	南部地區	FM98.3	港都電臺
	東部地區	FM93.5	好事電臺
Touch 聯播網	臺南地區	FM97.9	凱旋電臺
	屏東地區	FM92.5	屏東之聲
微笑聯播網	屏東地區-1	FM91.3	大武山電臺
	屏東地區-2	FM90.9	潮州之聲
Gold FM 健康聯播網	基北地區	FM90.1	健康電臺
	彰化地區	FM92.9	城市電臺

⑤ 聯播行為涉及節目供應性質者，應依規定申請廣播電視節目供應事業許可證。

四、地下電臺的興起

　　1959年，政府以電波干擾的因素凍結了臺灣地區民營廣播電臺的執照申請。1968年，政府釋出調頻的廣播頻率但僅開放給公營電臺，不准民營電臺的申設。這些措施給人的印象是「重公營輕民營」、「重政府宣傳輕公共利益」的政策。

　　1987年報禁解除後，在民主意識高漲的情形下，反對人士亦紛紛要求打破廣電媒介的壟斷。尤其在選舉期間，地下電臺開始出現。1991年初，吳樂天就以不定點的廣播方式，成立了「民主之聲調頻廣播電臺」。1993年3月，政府宣布開放頻道允許各種電臺的申設，結束了四十年的凍結政策。

　　從戒嚴時期到解凍，地下電臺紛紛出現，「地下電臺」的定義是非法使用電波或占用合法電臺頻率對外播音造成電波干擾的電臺。早期地下電臺是因應反對運動，以打破國民黨政府的電子媒介壟斷為目的。除了前述的吳樂天「民主之聲」外，較具規模的地下電臺是1992年張俊宏所設立的「全民電臺」使用FM90.1，可算是地下電臺鼻祖。但輸出功率只有50瓦，內容以政治的訴求為方向，在1995年3月取得廣播執照成為第一家最早取得合法執照的地下電臺。

　　1993年，許榮棋的「臺灣之聲」開播後受到熱烈的迴響，也帶動了其他地下電臺的成立。1994年3月成立「寶島新聲」；1994年4月成立的「綠色和平文化電臺」在隔年申請合法取得執照。1994年9月，新黨李承龍設立「新思維之聲」；1994年7月，「美麗島正義之聲」在臺中開播，並與「臺灣之聲」連線合作。1994年7月，竹苗地區成立「蕃薯之聲」；1993年12月，南臺灣最早的地下電臺成立；高雄的「蕃薯之聲」電臺也隨後成立。在1994年底前，全臺灣粗估有近五十家的地下電臺。自從1993年起釋出頻道，政府總共分十梯

次，讓各界申請在這階段部分非法地下電臺藉由頻道的取得已就地合法化（見附錄三）。

政府為了解決地下電臺問題，擬定重整電臺頻譜的計畫，包括收回中廣、警廣及漢聲等部分大功率頻道，規劃增加112個中功率頻道，讓原申請小功率電臺業者整合後升級為中功率電臺；另開放兩個兆赫頻寬供地下電臺登註申請為小功率電臺，在集中攤販管理方式下，讓地下電臺就地合法化避免造成對合法電臺的干擾。

這項政策雖立意良善，但引起國內學者對解決地下電臺提出質疑。目前地下電臺八成以上是靠賣藥賺取利潤，一旦合法化後，必須繳稅和接受法律的規範，而且臺灣的廣播廣告市場也無法滿足眾多電臺的經營需求，而且只要頻道有空隙，地下電臺多願冒風險求生存，因地下電臺賣藥的廣告利潤足以承擔被抄臺所沒收的器材損失。頻譜重整的政策提供頻道就地合法化，並不能解決地下電臺的問題，政府必須作通盤計畫和配套措施，否則地下電臺的問題還是繼續存在。

五、廣播電臺面臨的問題與處理

1. 市場競爭問題

廣播廣告量在還未開放頻道前，占媒體的廣告投資額約4%。根據廣播公會的廣播廣告營收從2000年的59.2億元到2011年36.32億元，已嚴重超過臺灣廣播電臺171家的市場涵蓋量。由於廣播市場的競爭亦趨激烈，使得有些業者無法經營繼而轉售，或與其他電臺採用策略聯盟方式以求生存。其方式採：(1)同業結合，包括聯播和節目交換；(2)異業結合，包括聲音聯播和文字合作。其目的一是與其他電臺聯播可以擴大收聽範圍，提高收聽率吸引廣告主，增加電臺的利潤；其次是聯播方式可降低製作成本和降低人事費用。這種策略聯盟方式，可使節目區隔化，滿足聽眾的需求，又使節目內容更加多元化

和增加電臺的營收。

2. 電波干擾問題

　　無線電波因物理的稀有性，使得電波會受到干擾，其原因有下列三點：(1)非法電臺利用兩電臺保護頻率的距離來發射，形成「鄰頻干擾」的現象，造成合法頻道鄰近的電臺受到干擾；(2)合法的小功率電臺，根據法令規定小功率電臺服務範圍，發射半徑5公里，電功率250瓦以下，這些電臺為求生存，勢必擴大收聽範圍，因此自行加大發射功率或變更原核配之頻率，造成「蓋臺」或「同頻干擾」的現象；(3)中小功率電波所使用的電波在進行時，常受到地形、高大建物的影響而受到阻礙和反射，由於上述的電波互相干擾造成電波秩序混亂，解決方法是發展使用數位廣播系統。

3. 地下電臺仍舊存在問題

　　開放頻道後，應該可以解決地下電臺問題，但還是存在著地下電臺，其原因有下列幾點：
(1) 地下電臺的申設條件，無法達到政府的審核標準。
(2) 雖已釋出頻道，但並未完全開放且標準和資本額都過高。地下電臺資本額不足，使其無法設臺。
(3) 成立地下電臺的資本僅數十萬元，又可兼賣藥廣告，賺取金額，又不用繳稅，有時還可轉賣他人以獲利。註21

　　在1996年修定電信法以前，取締電臺的單位會因為主導單位不同而發生事權不一的情形。為修正這種情形，行政院於1997年7月4日核定交通部所報「取締違法使用電波頻率作業方案」，對於非法電臺之取締權責規定為：

1. 法律依據

電信法第46條、第48條、第55條、第58條、第60條、第65條、第67條第4項、第68條及相關規定。

2. 取締對象

(1) 未經許可使用無線電頻率及電功率，而擅自設置電臺發送射頻信息，從事廣播行為或干擾合法廣播或通信者。

(2) 經許可籌設之電臺，未依規定程序完成查驗取得電臺執照，而擅自發送射頻信息或從事廣播行為者。

(3) 持有電臺執照之電臺，擅自變更無線電頻率或加大電功率發送射頻信息或從事廣播行為者。

3. 權責劃分

(1) 國家通訊傳播委員會負責前項違法之偵測及聲請搜索票等事宜。

(2) 國家通訊傳播委員會所蒐集證據，依法處以罰鍰、沒入吊銷執照、限期拆除或改善。

(3) 各警察機關依國家通訊傳播委員會之請求，必要時得派員協助排除取締電訊之間的障礙、維護現場秩序及保護取締人員及設備完全。

(4) 國家通訊傳播委員會依法抽查側錄非法電臺之播音，並將相關資料移請有關單位處置。

(5) 法務部所屬各檢察署依國家通訊傳播委員會之聲請，對於涉及刑事案件者依法核發搜索票。

依上述作業方案，對取締非法電臺事宜在2006年3月起由國家通訊委員會主導，側錄非法電臺之播音內容並將相關資料移請有關單位處置。

六、臺灣類型電臺現況

臺灣電臺已從綜合性型態逐漸走向類型化的趨勢。何謂類型電臺，它是以特定內容和風格來滿足特定聽眾喜好和需求而製作的節目。其所以盛行的原因受到幾個因素的影響：

(1) 電視頻道開放後，對廣播形成威脅，使類型區隔成為主流以求生存。

(2) 受市場區隔的行銷概念影響，對聽眾也作區隔。

(3) 廣播頻道的數目大量增加，在激烈的競爭市場中要爭取利潤必須有其利基點和特殊需求的聽眾。

(4) 電臺類型化，使聽眾易於辨識電臺，建立聽眾的忠誠度和熟悉度。

(5) 滿足各種類型聽眾的生活品味及文化特質。

針對國內電臺節目的特色，可以歸納出下列幾種類型電臺：

1. 音樂類型電臺

所謂「音樂電臺」，除了一定的音樂比例外，在節目內容上所提供的資訊和音樂有關，最大特色在於播放音樂比例大於談話。而又可細分：

(1) 流行音樂電臺：此種電臺播放時下最新發行或在排行榜上熱門流行歌手的專輯。初期在臺北有臺北之音音樂網、臺中頻果線上、臺中好家庭電臺、高雄大眾廣播電臺。

(2) 休閒或背景音樂電臺：以中廣音樂網為典型。

(3) 古典音樂電臺：臺北愛樂調頻臺，節目內容有古典、爵士、新世紀跨界音樂。

(4) 另類音樂電臺：Radio Wave大樹下廣播電臺，以搖滾、本土和另類的音樂，給聽眾不同的音樂選擇。

(5) 精典音樂臺：2003年，臺北之音從都會型電臺改為播放70、

80年代中西方流行的老歌，以吸引四、五年級的聽眾爲主。

2. 綜合性電臺

節目類型較廣泛，包含了音樂、生活、資訊、新聞等。其又可分爲下列兩種：

(1) 都會型電臺：以都會地區聽眾爲主要訴求對象，提供都會區最新流行資訊。此類電臺的最大特色在於完全與都會脈動結合，講求快速節奏與效率，發射範圍及涵蓋區域都在大都會中。例如：臺北之音、臺中調頻、高雄港都等均是其中代表。由於都會居民的生活步調快、對資訊訊息需求較高，因此即時新聞、流行資訊是都會型電臺所強調的重點。

(2) 生活資訊類型電臺：此類型電臺與都會類型電臺的節目差異性不大，不同的是在於此類型電臺發射涵蓋範圍及訴求聽眾並不侷限在以都會區聽眾爲主。一般來說全國性電臺或是聯播網較有可能以此類型電臺模式經營，當然也有發射範圍是以都會區爲主。以生活資訊做爲電臺臺性的有正聲臺北生活資訊調頻臺。由於電臺收聽地區聽眾的差異，爲了讓大多數聽眾都能接受，因此此類型電臺在節目內容方面多半朝向各地區聽眾均能接受的生活、流行資訊方向發展，將流行音樂及新聞融入生活的一部分。

3. 新聞談話臺

此類型電臺以新聞作定位，包括全部新聞內容及混合式新聞類型電臺兩種。全部新聞的電臺24小時都在播新聞，專爲想聽新聞的人設立。例如：中廣新聞網爲目前唯一的新聞電臺。混合式新聞臺內容則結合新聞性談話節目及訪談專題。例如：News 98電臺。

4. 女性類型電臺

在女性意識逐漸抬頭之際,有專為女性族群量身打造的女性專屬電臺。例如:過去的臺北女性生活廣播電臺,現已和臺北之音聯盟,改名為臺北之音音樂網;臺中天天廣播電臺、雲林姊妹電臺是專為女性服務的專屬電臺。

5. 農業類型電臺

此類型電臺以提供農業資訊為主,以服務農民聽眾為主要訴求電臺。例如:雲林地區的神農電臺以雲嘉地區農民為收聽對象,提供農業範疇的訊息及資訊,融合傳統與現代的區域性農業專業電臺。其他農業電臺有東樂、草嶺、新農等電臺。

6. 漁業類型電臺

以服務漁民發展漁業為宗旨的臺灣區漁業廣播電臺AM738、AM1143,臺址設於高雄市,發射臺設於澎湖,1983年成立,節目內容以漁業氣象、漁市行情、漁業新聞為主。其他漁業電臺有金臺灣電臺。

7. 宗教類型電臺

宗教電臺在目前商業利益掛帥的廣播電臺中,堪稱一股清流,以淨化人心、安定社會為主要電臺宗旨。在現今人心浮動、動盪不安的社會中,此類電臺的存在的確有其安定、教化人心的作用。例如:基督教佳音電臺、天主教益世電臺、佛教白雲電臺等等。

8. 公益類型電臺

公益類型電臺是以公益服務為宗旨所設的電臺,其實當初廣播天空開放之初,所有小功率社區電臺絕大部分是以公益、服務社區為

宗旨。但是小功率電臺本身發射的先天條件不良，加上財務開關困難、人才缺乏，在同業的競爭下，大部分已轉型爲商業電臺。目前部分電臺只提播部分時段作公益節目，就整體而言，已沒有純公益型電臺。

9. 語言類型電臺

此類電臺以外語節目作爲主要訴求，其最大特色在於電臺外語發音節目比例大於國語發音。例如：ICRT以英語發音爲主。

10. 醫療保健類型電臺

健康養生逐漸受到關注，以傳遞健康資訊、關心國人身心健康爲訴求的臺北健康電臺，其節目內容有醫療保健資訊、家庭與婚姻問題的探討、醫療政策報導、醫療新聞深入報導等等，讓聽衆有一獲取健康資訊的管道。

11. 政治類型電臺

政治類型電臺在臺灣廣播發展史上占有十分重要的地位，其政治屬性鮮明，與聽衆Call in互動，電臺節目特色以批判、討論政府某項政策或議題爲主。在政府未開放頻道前，這類電臺相當盛行。早期的全民電臺、綠色和平電臺、南臺灣之聲等爲其代表，其經費來自民衆捐款。但隨著媒體開放，電臺數量激增，聽衆有更多的選擇，致使這類型電臺經營陷入財務上危機而轉型爲商業電臺。現有的政治類型電臺有新黨之聲、TNT臺灣之聲。

12. 勞工類型電臺

以教育勞工、服務勞工爲主的臺北勞工教育電臺FM91.3，其內容有勞工新知、空中勞動學院、投資理財、外勞時間、雇主心聲及各

行各業的問題討論。其他勞工電臺有下港之聲、新竹勞工、新苗電臺等等。

13. 教育類型電臺

以播放各類教學課程內容為主的教育廣播電臺FM101.7。

14. 校園類型電臺

以提供學生實習研究為宗旨，電臺由師生共同經營管理，節目從企劃製作到主持錄音操作等都由指導老師、助教、學生完成。國內最早有學校附設電臺是世新大學AM729，相繼出現的有淡江之聲、輔大之聲、銘傳之聲、政大之聲，現在有傳播科系的學校大部分都附設電臺，以供學生實習操作。

15. 本土文化類型電臺

設立電臺目的以發揚本土文化為出發點，在地色彩較濃厚。例如：寶島客家廣播電臺、中廣客語頻道、新客家、苗栗客家、苗栗之音、地球村電臺等等。

16. 同志類型電臺

此類型電臺以服務同志為主，讓男女同志在空中對話，特色是主持人多半為同志族，節目內容以同志心聲或所創作的音樂作品，這類型電臺全部是地下電臺。

17. 旅遊類型電臺

自週休二日後，國人經濟水準提高，愈來愈重視休閒娛樂，因此急需休閒資訊。屏東東南方之音廣播電臺即是以旅遊休閒為主要訴求，無論是節目資訊、音樂歌曲或新聞報導皆從休閒角度發揮，並與

當地政府、觀光單位、航空公司互相結合，爲聽眾提供旅遊氣象、旅遊路況報導，是一個專業旅遊休閒資訊電臺。但現已和高雄港都電臺聯盟，改名爲港都聯播網南方之音。

18. 任務型電臺

「任務電臺」是爲了完成某種使命或達到某一目的而成立的電臺，大都以公營電臺爲主。國內任務電臺有隸屬於軍方的漢聲廣播電臺，爲服務軍中服役官兵；高雄市政府廣播電臺，強調公共服務、人文關懷及宣導推動市政；中央廣播電臺則以臺灣國際代言人形象，代表國家對海外發音；復興廣播電臺的目的即對大陸地區作心理宣傳；警察廣播電臺宗旨以「提供路況，爲民服務」提供路況報導。 註22

19. 原住民電臺

讓原住民擁有媒體作爲發表意見管道、保存原住民文化。有蘭嶼、山明水秀高屏原住民電臺。臺北電臺於2005年2月起將調幅1134千赫頻道規劃爲原住民電臺，服務十二族原住民，內容有原住民語的空中教學節目，原住民傳統文化、音樂。

第三節　國際短波

短波射程最遠，不受地域及政治力量的限制；主要是其物理特性，短波在發射過程，地波完全爲地球所吸收，通訊均仰賴天波傳送。天波從天線發出後，向高空四射，如果不被日光吸收，可以射得很遠，而訊號會從地球上空的電離層折射下來。電離層大約離地面30至250英哩之間，這一層大氣稀薄，外加太陽的各種射線與空氣分子撞擊，呈現電解游離現象。當天波反射到這層時除一小部分被吸收外，大部分會折射回地面。由於電離層是隨晝夜、季節氣候變化而浮

動不定，因此天波在折射時也是不穩定的，所以在聽國際短波時聲音會有忽強忽弱的現象。

　　由於短波具有跨洲的特性，任何國家想在國際宣傳，國際廣播是最方便、最快速且可突破國界無遠弗屆的最佳利器。早在二次大戰後1942年美國成立「美國之音」作為國際廣播，希望穿越鐵幕散布民主自由思想。1953年德國設立「德國之音」，英國、澳洲、日本也都先後設立國際廣播部門。

　　我國國際廣播於1932年由中央廣播事業管理負責，主要對象以日本聽眾為主。1948年中廣成立「自由中國之聲」，用國語、英語對北美、日本、韓國發音。1965年中廣成立海外廣播部對世界做定向發射。1982年1月與美國佛州的美國家庭電臺建立互播關係，經測試成功後，自由中國之聲海外的節目透過通訊衛星傳送，北美、中美、南美、西歐等地都可接收。1997年中廣海外部與中央電臺合併為國家廣播公司，取名為中央廣播電臺仍以短波發射為主，中波為輔，從事國際宣傳的工作。註23

第四節　副載波

　　我國電臺的頻率是依照國際電信聯盟的規定，調幅頻率範圍分配在526.5至1,606.5千赫，每頻道的寬度為10千赫，調頻則分配在88至108兆赫之間，每頻寬為200千赫，兩臺相距至少要200千赫，小功率400千赫、中功率600千赫、大功率800千赫。因調頻節目使用的立體聲所占用單邊頻寬約用到53千赫，所剩147千赫還可作為其他用途。換言之，調頻電臺使用頻道在傳送節目的主載波外，所剩下沒有利用到的頻寬還可用來傳送其他節目或資訊服務，稱為副載波（Subcarrier）。

　　一般中功率電臺傳送副載波時，仍限制在電波傳送範圍內，但與

網際網路結合後，電臺的副載波資訊可延伸至任何地點不受地域影響。例如：空大在進行廣播教學時可同步把教學內容送到電腦，學生可以邊看邊聽；音樂電臺播放音樂時，可以同步在電腦上顯示曲目版本、作者、演奏者等相關資訊；轉播球賽時聽眾也可透過電腦同步取得球員或比賽紀錄；廣播廣告不再只有聲音，也可圖文並茂。廣播電臺進入視覺化時代，廣播已不再受限於「聽」而還可以「看」，透過網際網路與副載波搭配，廣播電臺可跨出電波的涵蓋範圍，電臺也可以跨區南北串聯交換節目，不再受到功率和地域限制。

　　交通部於1997年4月1日起至1998年3月31日止，核准電臺試播副載波實驗。中廣公司利用副載波發展社區家戶聯防系統和視障同胞服務的語音廣播，警廣利用副載波進行「差分全球衛星定位系統」資訊即時廣播多目標應用，漢聲電臺利用副載波播放省府新聞處及電臺訊息。國內亞洲、人人、花蓮電臺也都進行副載波實驗。

 註　釋

- -

註釋1：黃新生等（1992）《廣播與電視（上冊）》臺北：國立空中大學，頁41-42。

註釋2：劉愛清，王鋒主編（1997）《廣播電視概論》北京：中國廣播電視出版社，頁22。

註釋3：陳本苞（1989）《廣播概論》，臺北：自由中國出版社，頁8-9。

註釋4：同註2，頁19。

註釋5：同註1，頁20。

註釋6：同註2，頁23。

註釋7：同註2，頁25。

註釋8：同註1，頁47。

註釋9：戴增義譯（1999）《廣播電視節目編排與製作》北京：新華社，頁39。

註釋10：同前註，頁40。

註釋11：同前註，頁45。

註釋12：趙玉明（2001），《中國現代廣播簡史》，北京中國廣播電視出版社，頁2。

註釋13：同前註，頁7。

註釋14：同前註，頁13-18。

註釋15：中華民國廣播年鑑（1969）臺北：中國廣播事業協會編印，頁58-71。

註釋16：莊克仁（1998）《電臺管理學》臺北：正中書局，頁37。

註釋17：溫世興（1983）《中國廣播電視發展史》，臺北：三民書局，頁279。

註釋18：同註16。頁41。

註釋19：同註16。頁40。

註釋20：中華民國行政院廣播電視白皮書。

註釋21：黃雅琴（1998）《大眾傳播概論》，臺北：五南出版社，頁70-74。

註釋22：黃雅琴（1999）《臺灣類型電臺的現況》，臺北：廣電人月刊，No.49，頁47-50。

註釋23：同註21，頁68-69。

第 **3** 章

廣播基本原理

第一節 無線電廣播原理

一、聲音的本質

　　廣播離不開聲音，否則就失去它的意義。我們聽到的聲音，先由人的口腔發出後，造成空氣分子的震動就稱為音波。通常音波由兩種因素造成的，一種是壓力，另一種是速度。聲音即是靠這兩種因素來傳遞。

　　當空氣中的分子被擠壓在一起形成了所謂的壓縮，而分子在低壓的部分被分開則形成稀釋（圖3-1）。空氣中的震盪帶著訊息進到我們的耳朵，耳朵裡有一層耳膜，受到震盪音波的影響會產生相同震動的頻率，再由神經傳導到人腦中樞神經。

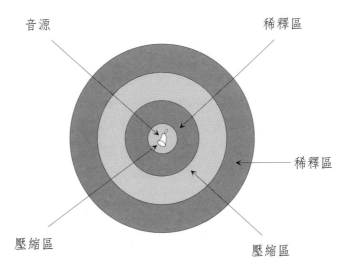

圖 3-1　壓縮與稀釋

資料來源：朱全斌譯，《現代廣播製作》註1。臺北：正中書局，1989，頁86。

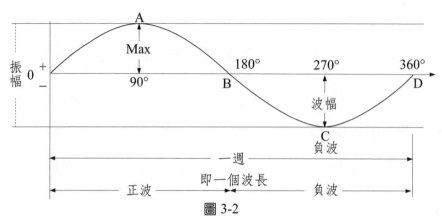

圖 3-2

資料來源：于洪海，《廣播原理與製作》。臺北：三民書局。1985，頁 53。註2

1. 週波

當音波如圖從0點起，經過A、B、C點再回到D點，完成了一個360°的行走時便完成了波形的一週，其中包括兩個相同的間距，上面稱正波，下面稱負波。每一段波程都經過180°（圖3-2）。

2. 頻率

當完成波形的一週就是一次的振動。以秒為單位，每秒振動的次數，稱做「頻率」或「週率」。聲音是由不同音波組成的，有高有低，是因為每秒振動次數不同所造成的。頻率愈高，聲音愈尖銳和清晰，高音傳得近；頻率愈低，聲音愈低沉，低音傳得遠，因為空氣傳導的關係。由於德國科學家赫茲發現無線電波，因此每秒週波數以赫（Hz）為單位來紀念他。

3. 振幅

從正波上的最高點至負波的最低點的距離稱振幅。音波的振幅代表音量大小，振幅愈高，聲音愈大，反之亦然（圖3-2）。振幅會隨著時間與空間的延長而慢慢消失。

4. 音時

聲音的長短，即聲音持續時間，聲音沒有空間性，卻有時間性，有時間性即有長短。

二、聲音的基本要素

1. 音調

或稱音頻、或音高，即聲音的高低。高低由音波振動的次數多少而形成。振動次數多，聲音高，反之亦然。人能聽見的音調的範圍在16-20,000Hz之間，無法超過20,000Hz。

2. 音量

又稱聲音強度，聲音的大小受音波振幅大小所影響，振幅大聲音就大。音量小時比音量大時較易判斷音源高低頻率變化，因此，監聽聲音效果時，習慣將音量表歸零，音量不宜開太大。

3. 音質

也稱音色，即發聲體聲音的好壞，是由基本頻率和許多個別拍頻所組而成的，作爲確定聲音渾厚度。每個人有各自的音質，因此耳朵可辨別是誰在發聲。

三、無線電波

無線電波是由無線電發射機，藉由交流電，經過振盪器，變成高頻率交流電，產生電磁場，而經由電磁場產生無線電波，因此具電磁能量。無線電波像磁鐵一樣，有同性相斥、異性相吸的現象。同類電子會互相排斥，因此當無線電波射出時，會將前面的電波往前推，當連續電波一直射出來時，電波就會在空氣中流動。

無線電波進行的速度，每秒可達186,000英哩，相當於每秒繞地球七圈半，光波在性質上與電波完全相同，速度與無線電波一樣。音波的速度每秒約320公尺，無線電波可穿越眞空，音波只能靠空氣傳導，所以我們想要聲音傳到遠方就必須藉助於無線電波之上。

四、波長與頻率

　　從0°到360°之間的直線距離，稱爲波長（圖3-2）。換言之，是音波活動一週的距離。頻率與波長是相對關係。頻率愈高，波長愈短；反之頻率愈低，波長愈長。原因是較高的頻率比低的頻率，每一秒需要更多的週期變換。波長愈短，容納的資訊愈多，譬如說話快、講得多。波愈長耗損能量愈大，運載資訊不如頻率高的微波。

五、無線電頻譜

　　1949年，在美國大西洋城舉行的國際無線電訊會議決議電波分爲八個波段，特低頻在無線電頻譜中屬最低波段，其頻率範圍爲30千赫以下，波長範圍1,000公尺以上。

　　低頻比特低頻高，頻率範圍是從30至300千赫，波長範圍是從1,000至100公尺。

　　特低頻和低頻，也就是一般所稱的「長波」，多爲海軍使用。中頻，亦稱爲中波，國內廣播，都是使用中波。高頻即短波，由於可以傳到較遠地區，所以多被用於國際廣播。特高頻是特短波，超高頻即超短波，二者多用於調頻廣播與電視方面。極高頻則用於軍隊傳遞情報方面；至高頻則用於太空傳播或太空通訊方面（表3-1）。

六、波進行方式（圖3-3）

1. 天波

天波又稱跳躍波，從天線發出後向高空四射，但接觸到空中的電

表 3-1　電波之類別及名稱

頻率的區分	頻率範圍	波長	一般稱呼	傳播特性	標準用途
特低頻 (V.L.F.) / 低頻 (LF.)	30KHz以下 / 30KHz～300KHz	～1000m / 1000～100m	長波	1. 電波延地球表面行進，可達長距離通訊。 2. 終年衰減少，可靠性高。 3. 利用電離層與地球表面形成的導管傳至遠距離。 4. 地表波與垂直天線。 5. 使用垂直天線。	可作遠程通信，惟所需功率極高，長距離通信、航海通信及助航。
中頻 (M.F.)	300KHz～3,000KHz	100～10m	中波	1. 電波於日間延地球表面行進達較短距離。 2. 夜間若干電能靠E層反射達較長距離。 3. 天波、地波並存。 4. 日間反夏季垂直天線。 5. 使用垂直天線。	廣播、航海通信、航、無線電定位航、警車、通信、港口電話等
高頻 (H.F.)	3,000KHz～30,000KHz	10～1m	短波	1. 電波利用電離層（特別是F層）反射（一次或多次反射）以達遠距。 2. 傳播情況隨季節及每日時間變化頗大。 3. 利用天線指向性，可利用E層散射達遠距外通訊。 4. 通常距離隨頻率及發射角之不同而異。 5. 太陽黑子數愈多，電離層密度愈大、高度也高、最高可用頻率（MUF）水加高，通訊距離愈長，反之則相反。 6. 地表距離發射機不遠即消失。 7. 使用水平天線。	可作中距離或遠距離之各式通信、國際廣播。
特高頻 (V.H.F.)	30,000KHz～300MHz	1m～10cm	特短波	1. 穿越電離層，少受其影響。 2. 以視界作視距（Line of sight）通訊。 3. 20～65MHz間利用E層散射達視距外通信。 4. 使用垂直及水平天線（水平天線較多）。 5. 接近直線傳輸。	短程通信、電視、調頻、雷達飛機導航
超高頻 (U.H.F.)	300MHz～3,000MHz	10～1cm	超短波	1. 視線範圍內通訊。 2. 以空間波接近直線傳輸。	短程通信、電視、雷達中繼系統等
極高頻 (S.H.F.) / 至高頻 (E.H.F.)	3,000MHz～30,000MHz / 30,000MHz～300,000MHz	1cm～10mm / 10mm～1mm	微波	3. 1,000MHz以上微波： (1)使用定向反射面、反射物、喇叭型、拋物面反射式及平面天線等。 (2)使用向地面彎曲進行。 (3)使用向上保護及待接收分集式保護線路保護方式。 (4)走向性極高、波束極窄。 (5)發射功率小。 (6)如光波性質，遇阻礙即吸取。 (7)10GHz以上頻率愈高，受雨點、霧、雪、雹、塵、露及空氣中氣體之吸收大愈大。 (8)利用對流層散射可達遠距離。	短程通信、雷達、中繼系統電視、衛星象天文、業餘無線電定位、助航大空研究

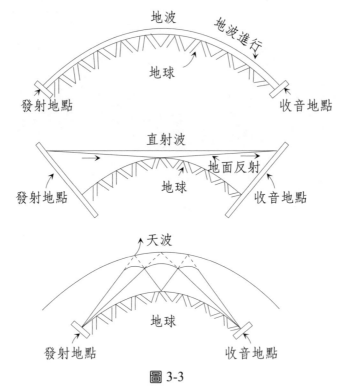

圖 3-3

資料來源：張慈涵，《現代廣播電視》，6 版。臺北：張慈涵，1977，頁 74。
　　註 3

離層時，又會折回地面，當碰到地面後，又會折回電離層，屬於短波。高頻較不受電離層影響，白天和晚上被反射折回地面，可以提供長距離的廣播服務，所以國際短波都依靠天波來傳訊。中頻和高頻的電波屬之。

2. 地波

　　屬於頻率較低的無線電波沿著地面隨地球起伏一直到完全被地球吸收為止，所以只能傳送數十公里。特低頻和低頻電波屬此類。

3. 直射波

　　直線進行方式，一如光線從一點到另一點，在直線行進中有部分會在軌道上遇到障礙物如高山、大樓等而被阻擋無法前進，所以直射波不能遇到障礙物，因此天線必須架設在極高的鐵塔或山頂上或經由衛星傳送，才可接收得到。特高頻以上之電波，都屬於此類。

七、調幅廣播（Amplitude Modulation Broadcast）

　　調幅廣播（AM）即中波廣播，是指把音波附在無線電波上成載波而向空中發射出去的過程。調幅只調整無線電波的波幅，頻率不變（圖3-4）。

　　國際間將中頻的使用範圍，劃定在540至1,600千赫之間，而且規定每一個調幅廣播（AM）電臺所使用的頻率只能占10千赫寬度；兩電臺的頻率間隔必須在30千赫以上，所以實際相隔距離為40千赫。因為只有這樣，電臺與電臺之間，才能避免互相干擾。1,600千赫減去540千赫等於1,060千赫，1,060千赫除40千赫等於27。所以，在同一地區之中，最多只有27個頻道可供使用。1979年，世界廣播管理會議決定將調幅波段由1,605千赫擴大至1,705千赫。臺灣對調幅電臺頻寬定在9千赫，因此可提供更多頻率使用。

　　調幅廣播的優點是射程比較遠，因訊號經由天波與地波傳送，不受到高樓或高山等阻擋而妨礙波的進行。缺點是互相毗鄰的頻率，雖有距離的間隔也會互相干擾。天氣惡劣的狀況下，在空中會產生靜電，會隨著接收的天線一起進入檢波器，因無法排除掉，導致調幅廣播常有雜音出現，音質不是很好。調幅波的發射功效受到下列幾個因素影響：

1. 鐵塔

　　發射天線的鐵塔有地面和地下兩部分，地面的鐵塔高度約為波長

(1)
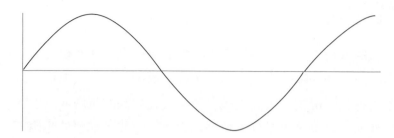

聲音的音波波形

(2)
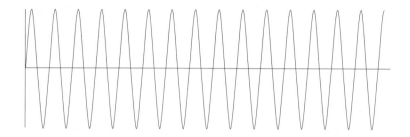

高頻電流波形
（以中線為軸，在軸兩側的波的振幅永遠相等）

(3)
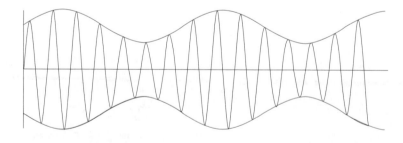

調幅後的載波波形
（振幅已隨音波改變）

圖 3-4　波幅調變波形

資料來源：于洪海，《廣播原理與製作》。臺北：三民書局。1985，頁 96。註4

的62.5%。地下部分以360根銅線圍繞鐵塔下面約6至12英吋，銅線間焊接成地網形狀。鐵塔如架設在海邊，因水傳導性較強，效率比設在內陸強約四倍，傳播效率較好。

2. 頻率

調幅廣播的發射力運用，較低的頻率比較高的頻率需要發射的功率來得強，射程才會較遠。

3. 發射電力

發射電力的大小和電波的強弱，大約1：4之比，換言之，增加訊號強度一倍，電力需要增大至四倍。 註5

八、調頻廣播（Frequency Modulation）

調頻廣播放射方式是調整音波的頻率（圖3-5）。1933年美國阿姆斯壯教授想排除調幅廣播受到空中靜電干擾的現象，因而研究出利用超短波產生頻率的改變，能產生高效率和無靜電現象。不僅消除雜音、傳真度高，且其波是特高頻，不會發生多重路徑的干擾和受到電離層的變化聲音訊號不穩定的現象。因涵蓋的範圍不像AM廣，因此要增強發射功率，天線要高。

國際間把調頻使用頻率分配在88至108兆赫之間，調頻所占用寬度是200千赫。電臺之間所使用頻率相隔距離至少200千赫。因此兩臺之間距離要400千赫。小功率電臺兩臺發射點要距離5.5公里中功率電臺發射點距離要11公里，才不會互相干擾。優點是波帶寬，可容納立體聲，兩頻率之間不會互相干擾，也不受靜電影響。所以調頻的音質非常清晰沒有雜音。缺點是訊號傳送採用直射波，最遠距離約30至40英哩，它是以直線進行方式遇到高山大樓時受到阻礙會產生偏離或反射現象必須藉助轉播站或衛星才能把訊號傳到遠方。

(1)

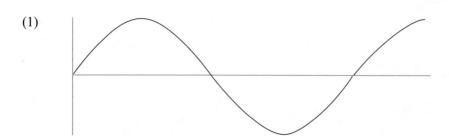

聲音的音波波形

(2)

特高頻超短波的波形
（未調頻前的無線電波）

(3)

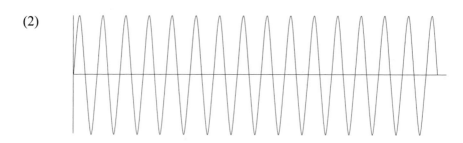

調頻後的載波波形
（頻率已隨音波而變動）

圖 3-5　頻率調變波形

資料來源：于洪海，《廣播原理與製作》。臺北：三民書局。1985，頁 110。註 6

表 3-2　調幅廣播與調頻廣播之比較

區　　分	調幅（AM）	調頻（FM）
調變方式	調變信號改變載波之波幅、載波之頻率不變。	調變信號改變載波之頻率。載波之波幅不變。
傳送信號之電波	以天波、地波傳送	以調頻直線波傳送
到達距離	可達遠方（較 FM 遠得多）	僅達於視線所及之地
使用頻率範圍	540KHz～1600KHz	88MHz～108MHz
波帶寬度	10KHz	200KHz
雜　　音	多	少
接受情形	有衰落或寂靜現象	無變化
失　　真	大	小
立體廣播	需要兩個電波	只需一個電波即可

資料來源：于洪海，《廣播原理與製作》，臺北：三民書局。1985，頁 112。

　　以我國從88至108兆赫爲供調頻廣播使用爲例。若規劃爲大功率電臺，以1兆赫爲區隔，則共計可規劃20個電臺左右。若以0.6兆赫規劃一個中功率電臺，則一個廣播區域約可規劃30個電臺，全臺可規劃至少4個廣播區，扣除山區及濱海區理論上約可提供100個電臺左右。若是以0.4兆赫規劃一個小功率電臺，同一個廣播區可規劃50個電臺。全臺至少可規劃6個廣播區，扣除山區及濱海區理論上約可成立250個電臺應不成問題。但一般而言之大都以混合式規劃，在一區域分別成立大、中、小功率電臺。我國88.1～89.5兆赫開放供學校電臺申設，89.1～91.3兆赫爲低功率電臺；95.3兆赫爲全國網。

九、調幅立體聲

　　1925年，美國康乃狄克州WPAJ電臺已開始利用兩種頻率播調幅立體節目，其方式是經由在不同頻道上操作兩個分離的調幅發射機廣

播出去，聽眾必須利用兩個調幅接收器同時收聽，每一個接收器按照兩個不同的發射機調準它的頻率。當調頻在1940年代出現後，由於頻寬達200千赫可以立體聲方式播出，音質又美。廣播的聽眾開始捨棄調幅電臺，而去收聽調頻電臺。調幅已開始感受到調頻電臺壓力，此時研究調幅立體聲的科技也已趨成熟。1982年聯邦傳播委員會核准調幅立體聲廣播。調幅立體聲有五種不同系統，每一系統都有優缺點，且彼此無法相容，很多電臺對採用標準規格的問題，尚未達成協議。依市場趨勢傾向於Motorola公司的Quam標準，也是美國電臺現今採用最多的方式。中廣在第一廣播網試播的657千赫立體廣播也採用美國Motorola公司的方式，想要聽的聽眾必須另購一架內部裝有Motorola方式解調的收音機才可收得到。

十、訊號的傳送

　　無線電波本身無法傳送到遠方，必須藉助於發射機和接收機的設備。發射機的作用在於把聲能轉變成電能，跨載於高頻率電流上，產生調變作用產生射頻載波，音波必須由高頻電流來扛著走，發射機把載波訊號放大經由天線發射出去，在空中行走，這些訊號又稱調變訊號，可傳至遠方。

　　收音機接收器上的天線主要在感應調變訊號，不同天線接受不同的波。中波及長波，靠地波來傳遞，採用垂直天線；短波靠天波傳送，採用水平天線，特短波亦是；超短波及微波都使用定向反射面、反射網、喇叭形天線，利用反射器，把向後方射的波導向前方，集中加強某一方向射出電波，可強化訊號外又可防止電臺間干擾。

　　在空中的調變訊號經天線感應接收後，進入調諧器，它可以讓較準的信號進入，擋住不要的訊號，接收進來的信號相當微弱必須通過放大器增強到可利用的程度，再經檢波即解調，將旁波帶裡的訊息振幅分開，過濾掉不用的載波頻率，還原原來聲音信號再經放大器放大

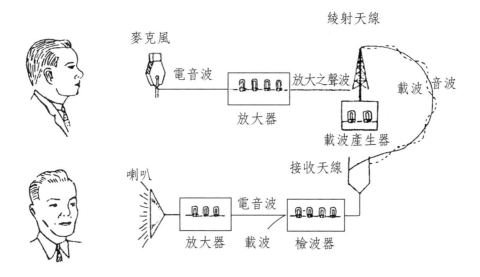

圖 3-6　發射與接收

資料來源：宋乃翰，《廣播與電視》，5 版。臺北：臺灣商務印書館。1979，
　　頁 14。註7

經喇叭振動由空氣的傳遞使聲音重現。

　　簡而言之，聲音從廣播室的發射到家裡接收的過程，就是人的音
波經由麥克風轉成電能經放大、調變後藉由天線發射出去，調變訊號
經天線感應後被解調再放大由喇叭將電能變為音波，由空氣振動傳導
到聽眾的耳朵（圖3-6）。

第二節　數位廣播基本原理

　　21世紀的來臨帶來了廣播的新技術，數位廣播也將取代了傳統
的類比系統，提高了消費者收聽品質和傳送多媒體資訊。各先進國
家早在1980年便開始研究數位廣播技術，1988年於日內瓦首次進行
DAB公眾表演，獲得好評，歐洲電信標準組織（ETSI）於1995年2月

正式完成「數位音訊廣播系統標準」DAB Eureka-147，目前為大多數國家所採用。

　　DAB的傳輸概念和傳統類比傳輸是一樣的，有調變、載波、解調、發射機、接收機，但是在技術上則完全不同。

一、發射機系統描述

　　數位廣播訊號可分為音訊、數據資料和控制訊號，其訊號能產生高音質，主要利用音訊壓縮、編碼技術，以最少的位元來呈現原來的音訊。DAB系統採用通道編碼和交錯的技術保護經過編碼的音訊和數據資料，利用正交分頻多工的快速傅利葉轉換，把數個低位元率和數據資料多工加在一起，再經過載波後把訊號傳出去。數位廣播系統發射機基本上分兩部分，一為音訊編碼器，另一為編碼正交分頻多工器（數位廣播系統發射機的方塊圖如圖3-7、3-8所示）。註8

1. 音訊編碼器（Musicam）

　　音訊編碼器先把類比訊號取48KHz樣，再經由排濾波器分成32個750Hz頻寬信號，每個信號大約8ms，濾波器依其倍數因子決定傳送與否。倍數因子變化率的傳送是編碼方式和降低在傳送過程中位元的流量。在音訊傳輸框中可攜帶一些文字資訊和多媒體圖形，在傳輸框中資訊量的多寡會影響音訊品質。註9

2. 編碼正交分頻多工（Cofdm）

　　寬頻信號，彼此間不會有互相干擾，主要藉由數位技術把多量的窄頻信號正交排列，要合乎正交排列的條件，窄頻信號的頻率距離是符元信號時間的倒數，之後再以快速傅利葉將窄頻信號多工。數位廣播系統所採用的信號調變技術是正交分頻多工以通道編碼與正交分頻多工的合稱（圖3-9）。經過音訊編碼器的音訊信號和數個

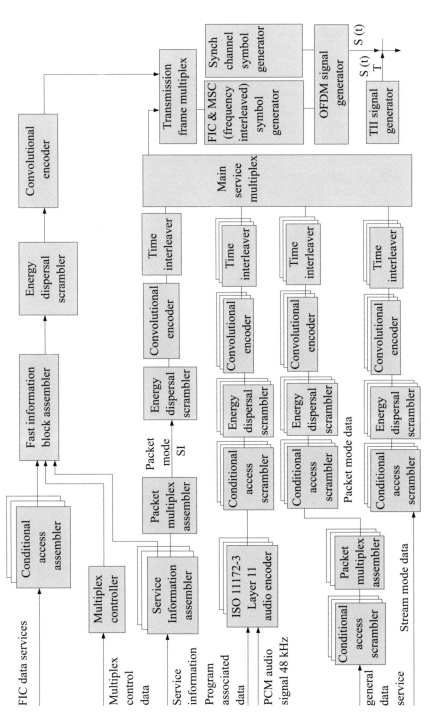

圖 3-7　發射機系統

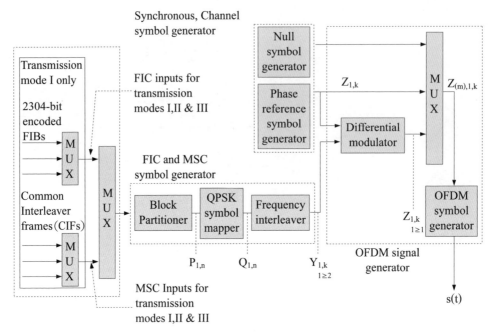

圖 3-8　主要傳輸訊號產生器

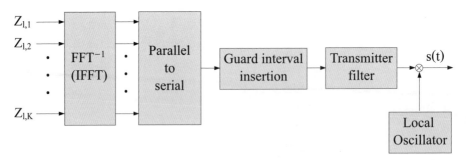

圖 3-9　正交分頻多工信號產生器

數據資料都分別經過通道編碼，經多工過程之後再與快速服務通道
（FIC）合成傳輸框（Transmission frame），傳輸框內的位元分別再
經過DQPSK的信號對映器轉換成兩位元的符元信號後，用反向快速
傅利葉轉換，將K個符元信號放在一起後再傳送，K的符號就是窄頻
信號。[註10]

　　編碼正交分頻多工有四項主要技術：迴旋碼（Convolutional
code）編碼技術、時序和頻率交錯技術及正交分頻多工調變技術。

(1) 迴旋碼（Convolutional code）

　　其作用是剔除字碼中的某些位元，而得到新的字碼又稱PC碼。
這種剔除程序是為了降低資料傳輸量以提高頻譜使用效率將原來四分
之一的碼率提高，不過在剔除程序的過程中，犧牲了某種程度的錯誤
更正能力。[註11]

(2) 時序交錯（Time interleaving）

　　時序交錯是避免叢束錯誤，其目的在分散傳輸風險。在數位廣
播系統中訊號會分成16份，其中一部分立即傳送，其他部分會延後1
到15個邏輯框。一個邏輯框是24ms，所以時序交錯就造成360ms的延
遲。[註12]

(3) 頻率交錯（Frequency interleaving）

　　頻率交錯是將區塊裡的QPSK符元依亂碼方式重新排列，在於接
收端處以反向方式排回原來順序。主要是避免相鄰次載波在傳輸通
道中受到頻率選擇性衰落所造成的叢束錯誤，會影響了衛特比（Vit-
erbi）解碼的錯誤更正能力。[註13]

　　交錯器對通道編碼是必須的，因為交錯器的目的是將衰退通道上
所造成的連續錯誤轉換成隨機錯誤，以滿足衛特比（Viterbi）解碼法

與時間無關要求。而符元與符元之間的干擾問題可由間隔區間來處理。

(4) 正交分頻多工

正交分頻多工是一種調變技術，是把寬頻訊號以多個正交窄頻訊號來表示。窄頻訊號的符元長度超過傳輸通道的最大延遲，延遲會造成碼間串擾。間隔區間的形成是將分類多工訊號的後四分之一部分訊號安置在分頻多工訊號的前面，如此所得訊號成為原訊號的循環訊號，雖然浪費了四分之一的傳輸能量，但在接收機端的時序同步方面變得比較簡單。另一優點在多重路徑衰退的通道上可避免因多重路徑反射造成的符元間干擾及破壞次載波正交性的內部載波干擾。註14

3. 傳輸框描述（Tramsmission frame）

發射機的傳輸框由下列三部分所組成的（圖3-10）：

(1) MSC（Main service channel）

MSC是由數個次通道組成，每個次通道分別經過時序交錯器分散多重路徑衰退通道造成的叢束錯誤和使用迴旋碼對接收端的錯誤作更正保護。MSC是攜帶音訊訊號和數據資料。對數據資料用等碼率保護，即對每一筆數據資料的保護。音訊則以不等碼率保護。

Synchronization Channel	Fast Information Channel （FIC）	Main Service Channel （MSC）
T_F		

圖 3-10　傳輸框

(2) FIC（Fast information channel）

FIC是控制傳輸框訊息，對接收機而言，必須先解讀FIC所攜帶的訊息才能瞭解MSC內部資料的意義。

(3) 同步通道（Synchronization channel）

輔助接收機有解調的作用。每個傳輸框前有二個符元。第一個符元是空白訊號，輔助接收機判斷傳輸框信號的起始點。第二個符元是參考訊號，接收機可根據此訊號來偵測訊號率的偏移或本身振盪器頻率不準所造成的偏差，也可偵測符元訊號的起始位置。 註15

二、DAB接收機的功能

接下來介紹DAB的接收機功能和訊號的處理過程（圖3-11）。

1. 射頻訊號接收單元（RF Front End）

DAB接收系統在前端部分有射頻訊號的處理單元，其功能是把天線傳送來的類比作頻段切換後鎖定頻率，利用混合器（Mixer）降頻到中頻（IF）訊號，以利後段對訊號的處理。

2. 中頻訊號類比轉換數位處理單元（IF-A/O）

中頻輸入訊號必須轉換為數位的調變訊號，以利數位正交（I/Q）解調器及頻道解碼器使用與處理。

3. 傅利葉解多工及通道解碼處理單元（FFT, Demux & channel Decoder）

數位正交（I/Q）解調的主要任務是把I通道與Q通道的資料作一處理，再傳送給編碼正交分類多工（Cofdm）和同步單元作為訊號控制之用，將檢測器所產生的訊號加以濾波處理以提供同步控制單元作

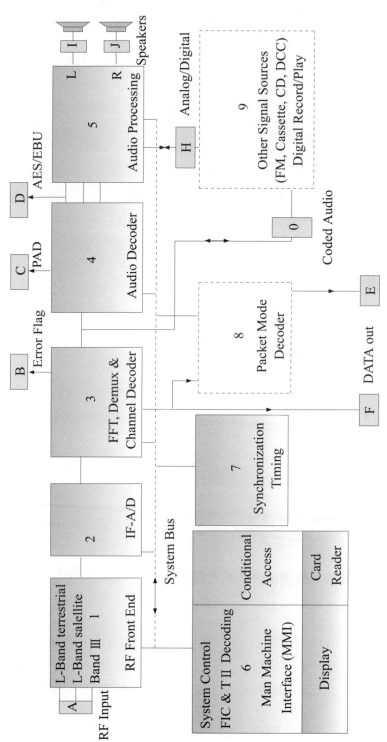

圖 3-11　DAB 接收機的功能結構

同步訊號。

編碼正交分類多工（Cofdm）把每一筆資料經由快速傅利葉轉換與前一個Cofdm符元同位置資料做差分解調後，便將資料往後傳到通道解碼器，同時提供兩個訊號，一為輸出資料的訊框及符元同步訊號。通道解碼器主要工作是還原發射端對訊號所執行的時序與頻序的交錯處理，以及對發射端所執行的訊號剔除迴旋通道編碼進行解碼處理。將解碼後的音訊和數據資料傳到各相關的使用介面，並將這些訊號傳到後面的音訊解碼器（Audio decoder）進行音響處理。

4. 音訊解碼單元（Audio Decoder）

音訊解碼單元是將壓縮過後的語音訊號進行解壓縮還原，然後將訊號分離成數據（PAD-Program Associated Data，如歌詞、時間表等會顯現在螢幕上）和純語音的數位訊號，此訊號會傳送到後面作聲音處理單元。

5. 音訊處理單元（Audio Processing）

本單元是把數位訊號轉成類比訊號，再分單音道和立體聲處理，再依後段的音訊儲存或播放方式傳到揚聲器後播出。

6. 系統控制單元

(1) 控制通道（FIC）

控制通道是載送訊框的相關控制訊息、解釋出控制通道內的資料，才能進一步解釋服務通道（MSC）中所載送的語音和數據的訊號。

(2) 發射臺識別資料解碼（TII-Transmitter Identification Information）

發射臺識別資料解碼可以提供出每一個發射臺獨有的站名識別資

料，由同步通道（Synchronization channel）載送。TII解碼的主要工作對TII的符元訊號作選項，可以檢定發射臺的識別碼，當發射臺識別資料與節目服務資料（SI-Service Information）同時使用時，TII能顯示出DAB接收機的地理位置，能發揮單頻網路功能。

(3) 人工機介面（MMI-Man Machine Interface）

人工機介面是DAB接收機的功能選取控制（語音、數據訊號）和功能設定（音量、響度、節目單捲選）。

7. 同步時序控制單元（Synchronization Timing）

為防止高速移動的接收機會受到卜勒效應產生頻率偏移，數位正交（I/Q）解調器所解調出來的訊號送到本單元時，會估算出頻率漂移量，達到自動頻率控制（AFC-Automatic Frequency Control）同步時序控制了Cofdm符元中各次載波彼此間完整的正交性，進而不會影響接收的音訊品質。

8. 封包模式解碼（Packet Mode Decoder）單元

在主要傳輸服務通道內有兩種資料：(1)串流模式（Stream Mode），在此模式下，每個次頻道只能傳送一個音訊或數據訊號單元；(2)封包模式，是將較獨立，或無時效性的數據節目先組合成一個或數個主要服務通道資料群組，再將其分割成數個相同或不同大小的封包、分配相同的識別位址，再以較小的速率在一個次頻道中連續傳送，在一個次頻道中可同時傳送不同的封包訊號節目單元。封包模式解碼單元則是將多工組合的各項訊號封包加以解碼，並將依其位址還原回完整的訊號作為後段的處理。註16

9. 其他訊號源與儲存裝置

　　這部分的功能屬於DAB接收機的外接裝置，可以利用FM、卡帶、CD等音源經過音訊編碼或類比／數位轉換處理，與DAB接收系統進行雙向溝通，並做爲數位訊號錄取／播放的輔助功能。

註　釋

註釋1：朱全斌譯（1989）《現代廣播製作》，臺北：正中書局，頁86。

註釋2：于洪海（1985）《廣播原理》，臺北：三民書局，頁53。

註釋3：張慈涵（1977）《現代廣播電視》，臺北：張慈涵，頁74。

註釋4：陳本苞（1989）《廣播概論》，臺北：自由中國出版社，頁35-36。

註釋5：同註2，頁96。

註釋6：同前註，頁110。

註釋7：宋乃翰（1979）《廣播與電視》，臺北：臺灣商務印書館，頁14。

註釋8：劉嘉亮（1998）《數位廣播系統與接收機概論》，臺北：中廣公司1998數位廣播研討會，頁41。

註釋9：洪清標（1987）《數位廣播基本原理上》，臺北：廣電人，NO73，頁59。

註釋10：同前註，頁59。

註釋11：同註8，頁48。

註釋12：同註8，頁49。

註釋13：同註8，頁50。

註釋14：同註8，頁44。

註釋15：同註9，頁56。

註釋16：林漢年（1998）《數位音訊廣播（DAB）接收機的技術與發展》，臺北：中廣公司1998數位廣播研計會，頁70-75。

第 **4** 章

電臺經營管理

在市場競爭激烈的環境下，現代化的企業必須有一套良好的經營方法，以達成企業體的營運目標。管理學者楊銘賢認為，「管理」是經由人的規劃而把事情做好的各種活動。

　　在一個組織中，為了運作順利、提升工作效率、維持其生存和競爭力，在這過程中必須有各種的活動。管理乃是組織的方法和手段，使有效成為相互協調的工作環境而所施行的各種活動。因此管理必須運用人力、物力、財力、創意，透過計畫，組織、協調、指導、控制的方法，去訂定公司目標並進而達成的一種程序。 註1

　　傳播學者蔡念中教授認為「媒介管理」是透過一系列活動，經由管理者與人來共同努力完成媒體目標。換言之，媒介管理是媒體企業的經營管理者，以媒介的政策從事研究和良好的規劃，在健全組織下，對人員作適當的分配，作正確的指導和嚴密合理的控制程序，作有效內部協調，使整個媒體企業的資源充分發揮，以達成媒介組織的任務。 註2

　　一般說來，傳播媒介依其性質，可分為電子和印刷傳播媒介，前者包括廣播、電視、電影、有線電視、衛星電視、錄影帶唱片等；而後者包括報紙、雜誌、書籍等。

　　從上面的解釋可認為「電臺的經營」就是廣播電臺的管理者，必須擬定電臺的營運計畫使各部門的組織、人力各司其職並發揮所長，對節目的製作流程和品質加以嚴密控管，發揮內部的整體行銷力量達成電臺的任務。

第一節　世界各國廣播制度

　　世界各國廣播制度會因國家體制、政策、意識型態的差異而有不同的經營管理方式，大致分為下列四種類型：

一、國營制

　　國家擁有廣播媒體，其經費由政府提供。廣播當作政府的傳聲筒，宣傳政令，動員全民遵守國家的政策，新聞內容受到統一的檢查和管制。蘇俄、北韓極權國家均施行這種制度。

1. 國營制的優點

(1) 有利於國家的政策宣傳，鞏固政權。
(2) 對極權國家是最好的洗腦工具。
(3) 容易動員人民的力量。

2. 國營制的缺點

(1) 節目內容沒有創意，一成不變。
(2) 內容充斥宣傳，無法吸引聽眾，不聽只有關機。

二、民營制

　　媒體的經營權由私人或財團法人、股份公司所擁有。經費來源以廣告營收作為主要收入，因此節目製作以市場導向為主，以迎合、滿足聽眾爭取收聽率以便向廣告主推銷。民營制以美國的媒體自由市場為主。

1. 民營制的優點

(1) 發揮第四權力量，監督政府的施政。
(2) 享有新聞自主權，不受政府干涉。
(3) 節目內容以市場為導向、節目創新求變，激發創意。

2. 民營制的缺點

(1) 節目類型標準化、公式化提供通俗的傳播內容、塑造成大眾

文化。

(2) 以營利爲取向、節目以刺激大眾感官爲訴求，內容充斥煽情表演、暴力動作、八卦新聞，降低文化品質，造成社會不良影響。

(3) 爲了爭取廣告，常受制於廣告主，有節目廣告化現象。

三、公營制

由政府監督，經費來源由政府提撥預算和徵收收音機執照稅，但電臺經營自主，不受政府的干涉。英國廣播公司即典型的公營制，歐洲國家當中法、義也都採取此種制度，剛開始是不接受廣告，但自1965年起，才允許廣告的出現。其中挪威、波蘭、瑞士、瑞典仍不准有廣告播放。

1. 公營制的優點

(1) 以製作高水準的文化、教育性質的節目、提昇公眾品味爲目的，內容不受商業氣息影響。

(2) 經費由政府提撥，沒有廣告壓力，能專心製作適合各個不同族群的節目。

(3) 雖然預算來自於政府，但政府不加以干涉，可獨立經營，不會成爲宣傳工具，又可健全民主政治功能。

(4) 可以輔助政府政策法令的宣導和推動國家的基礎建設。例如：終身教育和社會教育。

2. 公營制的缺點

(1) 經費來自政府，如財政困難時有面臨關閉的命運。

(2) 節目曲高和寡，只吸引少部分人欣賞，常被攻擊只爲精英分子製作的「精緻文化」、浪費公帑。

四、公民營制

政府和人民共同出資建立、共同經營的電臺。日本、墨西哥、烏拉圭等國採用此制。

1. 公民營制的優點

(1) 節目兼顧文化公益和娛樂營利事業。
(2) 不像民營以商業為導向，尚有社會責任感。

2. 公民營制的缺點

有民營之稱，但在電臺政策、人事派任和經營管理上，多少受到政府的牽制而無法發揮媒體功能。 註3

第二節　廣播電臺的設立

由於無線電波屬於有限資源，頻率屬於全體人民所有。有人想要經營電臺，都必須向政府主管機關申請營運執照，經主管機關核准後，取得頻道經營權才可設置電臺。

2011年依新修正的「廣播電視法」第一章第三條規定：電臺之主管機關為行政院新聞局，而電臺的工程規劃、天線鐵塔架設、頻率管理、分配等事項，屬於工程技術範圍部分，另由交通部主管。

有關電臺設立資格，「廣播電視法」第二章第二十三條規定：電臺之設立，應填具申請書，送由新聞局轉送交通部核發電臺架設許可證，始得裝設。裝設完成，向交通部申請查驗合格，分別由交通部發給電臺執照，新聞局發給廣播或電視執照後，始得正式播放。電臺設立分臺、轉播站，准用前項規定，2006年3月起由國家通訊傳播委員會審查發照。

在廣播電視法第一章第五條有公民營電臺的規定：公營電臺，由

政府機關所設立，其內部組織，必須遵照政府的法規辦理和登記申請。公營電臺以服務社會為宗旨，其經費預算都來自政府，不得播放廣告，不以營利為目的。目前我國公營電臺有教育部設立的教育電臺；國防部設立的漢聲電臺、中央廣播電臺、復興電臺；臺灣省政府設立的臺灣區漁業電臺、警察電臺；臺北市政府設立的臺北電臺；高雄市政府設立的高雄電臺（表4-1）。民營電臺是由中華民國人民組織的股份有限公司或財團法人所設立的電臺。其內部組織以股東大會為最高的權力單位，經由股東大會推舉董事和監察人員；董事會設董事長可提名總經理人選，經董事會開會通過後執行電臺政策和業務並向董事會負責。監查人有常駐電臺、負責電臺監督之責。民營電臺都以營利為目標，其經費都來自於廣告收入。

一、電臺政策方針

　　公司在成立之時，都會擬定一套基本的政策和實行計畫作為達成組織的目標和指導方針，因此，電臺在申請執照時，必須根據電臺的政策填寫營運計畫，而主管單位在審核時以營運計畫的內容作為核發執照的考量依據，經核准後電臺必須依營運計畫來執行。換言之，營運計畫就是電臺的政策方針，作為電臺的指導和目標原則，我國廣播學者楊仲揆先生認為，一般電臺在管理方針上有下列五種導向：

1. 政策導向

　　任何電臺的設立都有電臺的政策作為電臺的經營管理和指導的原則。各事業部門都必須遵循電臺政策達成電臺的任務。公營電臺以服務社會為其政策，而民營電臺則以營利為其政策。

2. 藝文導向

　　電臺的方針以製作高品質或教育文化為目標。例如：公營的教育、漢聲電臺；民營則有臺北愛樂電臺。

表 4-1　臺灣地區軍公營電臺介紹

電　　　臺	創立日期	所屬單位	節目製播宗旨
臺北廣播電臺	1961.7.31	臺北市政府	2002 年，臺北電臺肩負防救災專屬電臺的使命，期許成為「居家安全的守護者」。 堅持都會與首都電臺的特質，展現多元價值與國際接軌，擴大民眾視野。 調幅 1134 頻道，2005 年規劃為原住民電臺。
行政院農業委員會漁業署臺灣區漁業廣播電臺	1983.1.15	行政院農業委員會漁業署	為臺灣唯一的漁業電臺，節目以播報漁業氣象、漁業新聞動態、為臺灣地區漁民服務為主。
高雄廣播電臺	1982.6.28	高雄市政府	電臺節目之設計與播出，主要以高雄市政府施政、市政建設、政令宣導等動態為主
國立教育廣播電臺	1960.3.29	教育部	為教育專業電臺，主要任務為：闡揚國家教育政策政令、實施空中教學推動成人及終身教育、推動特殊教育及職業教育、推動原住民教育、推動社會教育、協助推動學校廣播教育、其他有關教育廣播事宜。
警察廣播電臺	1954.3.1	內政部警政署	警廣是為協助警察維護社會治安的專業媒體，其專業任務為：維護社會治安、改善交通秩序、協助緊急救難、宣導公共安全、淨化社會風氣、提升生活品質。
復興廣播電臺	1957.8.1	國防部情報局	節目內容以鞏固心防、宣導政令、服務聽眾、強化社教為主。

漢聲廣播電臺	1942.6.1	國防部	平時任務為宣達政策政令。實施軍中教育康樂。宣揚國軍戰備整備事蹟。進行大陸心戰廣播。 戰時任務為執行統帥部指揮三軍作戰廣播任務。報導國軍有利戰況，鞏固心防。執行對敵心戰廣播。
中央廣播電臺	1928.8.	1998 年 1 月 1 日改制財團法人	隨著臺灣昂然走向國際的堅定腳步，傳揚臺灣聲音的中央電臺亦以前瞻的視野、開創的作為，加強國際合作、拓展聽眾範圍、精緻節目內容、追求最新資訊，以求新求變、精益求精的謙遜態度，和臺灣一起走向國際。

資料來源：中華民國廣播年鑑 2003-2004。

3. 利潤導向

電臺以營利為主，經營的政策以最低的成本賺取最高的利潤。其首要目標為多爭取廣告主的贊助。公司的相關企業經營銷售有聲錄音帶，也是為公司賺取更多的利潤。

4. 品質導向

電臺在節目製作上要求高水準，吸引聽眾，並提高電臺的企業形象。

5. 聽眾導向

電臺在節目製作上以聽眾的喜愛和偏好為依據，因此很重視聽眾的調查報告和聽眾的反應意見，節目收聽率低或反應不好時，會馬上變換節目的型態或內容以迎合聽眾口味。 註4

二、 廣播電臺之內部組織

　　廣播電臺的組織結構因各電臺的性質、資本額及電波涵蓋範圍等的不同而異。

　　有關廣播電臺的行政組織與員額編制，根據廣播電視法施行細則第10條規定：「廣播事業應分設節目、工程與管理部門外，並應視其性質增設新聞、教學、業務、專業廣播或其他有關部門。其員額自定之。」

　　由上可知，就電臺組織而言，必須依規定設立節目、工程與管理三大部門。其餘部門與員額多寡，則視電臺的需要，亦即電臺經營方針自行訂定。例如：以新聞服務導向者，當增設新聞部，並配署相當之人員為調派。

　　一般而言，非商業性電臺之組織至少具有節目、新聞、工程及行政四個部門。而商業性電臺則多加一個業務部門。每部門設主管一人，名為經理或主任，負責該部門業務。

1. 節目部

　　構思節目的類型並督導加以執行，確保節目高品質，供聽眾直接欣賞，提升競爭力。節目部又可分為：
- (1) 編審組：負責統籌節目的設計、企劃、製作、審查、節目表編排、稿件匯集審核。
- (2) 導播組：負責節目的錄製、播出，與播音員調度。
- (3) 資料組：負責唱片、CD、錄音帶、節目表、節目存稿及文字資料的管理與保存。
- (4) 服務組：負責處理聽眾來信、聯繫、及聽眾意見調查事項。
- (5) 音樂組：負責音樂設計、規劃、音樂節目播出等。

2. 新聞部

負責新聞採訪、專題撰稿、編輯、編譯、現場實況轉播，製作錄音專題報導。

(1) 編輯組：負責統籌所採訪來的新聞稿件，和通訊社、外電的編譯工作。

(2) 採訪組：分組負責採訪新聞或新聞事件的報導及體育、各類型活動實況轉播。

3. 行政部門

亦稱為管理部門，掌管文書、人事、財務、事務或其他不屬於別的部門事項。

4. 工程部門

專門負責處理電波頻率、電功率、線路架設、成音、發射、轉播等問題的維護與修理，純屬工程技術範圍。其組織又可分為：

(1) 成音組：負責節目錄音、控制電波傳送及戶外轉播工作。

(2) 工務組：負責機器的維護與修理、電波頻率的控制與調整、傳輸線路的維護。

(3) 發射組：負責發射機的管理與維護、天線、鐵塔的架設與修護節目訊號的傳輸及轉播站的管理。

5. 業務部

負責電臺節目時段的銷售，包括節目外包給傳播公司、廣告時段價格的擬定，與廣告公司、廣告主接洽爭取廣告額度，創造電臺利潤。

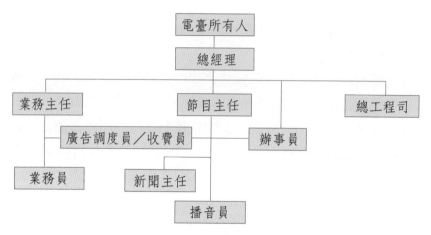

圖 4-1　小型市場電臺組織圖

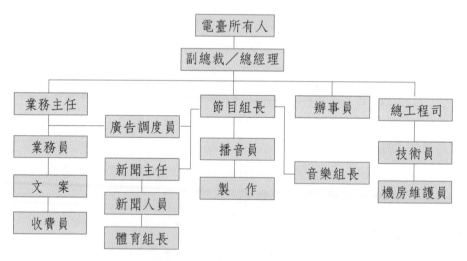

圖 4-2　中型市場電臺組織圖

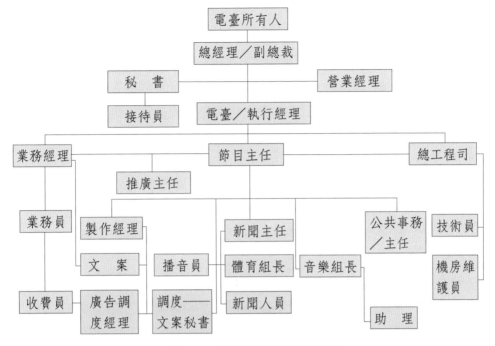

圖 4-3　大型市場電臺組織圖

資料來源：Lews B. O'donnel, Carl Hausman and Philip Benoit (1989), Radio Station
　　　　Operations: Management and Employee Perspectives. Wadsworth Publish-
　　　　ing Company; Belmont, California, p.108.註 5

三、電臺定位

　　定位的觀念在1972年由美國行銷學者Al Ries & Jack Trout提出的
概念。定位是指產品在消費者心目中，找到一個適當的位置，將品牌
深植其中的過程。換言之，亦即把品牌建立在顧客的腦海裡，以期
在其中建立起一個更有利位置。定位可以是一件商品、一項服務、
一個國家或是一個人。定位也可以說是：「一個人對於某種產品的
見解、論點或意見」，因此電臺定位就是類型化的意思，電臺的屬
性、什麼人聽？喜歡聽什麼歌曲？聽眾群在哪裡？有多少人？節目的
特點是什麼？

1. 電臺定位原則

(1) 內在因素

① 音樂的選擇：音樂是電臺主力賣點，不同的音樂擁有不同喜好的聽眾，如果電臺的目標是年輕族群，則所播放的音樂是搖滾樂；而懷念老歌的音樂聽眾群多半是年齡較大的長者。

② 資訊內容的選擇：資訊內容也是廣播聽眾收聽的動機之一，都會型電臺內容大都提供流行資訊；農業型電臺提供有關農業知識與技能的資訊；健康型電臺則提供養身保健的內容。

③ 播出品質：播音的品質會影響聽眾對電臺的觀感，播出的過程中如常出狀況，聽眾對電臺的專業能力會有較低的評價。高品質的播出讓聽眾留下良好的印象，能夠吸引聽眾維持收聽狀況。

④ 推廣的策略：電臺的推廣目的使聽眾瞭解電臺、認同電臺而成為忠實的聽眾，同時提高電臺知名度，使聽眾隨時記得電臺的名稱、臺呼、頻率、電臺的特性。

⑤ 電臺整體行銷：電臺把自己當作商品努力透過各種媒介銷售給一般社會大眾及目標群，策略包括：媒體廣告、媒體策略聯盟、媒體活動策劃、打響電臺知名度。

(2) 外在因素

① 與其他電臺區隔：為了突顯電臺的獨特風格，在定位時必須有別其他電臺；因為相同的定位無法在聽眾腦中清楚區隔開。

② 電臺播音範圍的地方特質：電臺依據發射功率、分配的頻率有其涵蓋的地區。電臺可依此定位成為社區電臺或文化

性電臺如原住民或客語電臺。

③ 播音時間的長短：電臺節目播音時間的長短在定位上有其優勢，聽眾會依時間的定位而準時收聽。例如：24小時的新聞臺，或News98每刻播新聞。

④ 電臺的對外宣傳：電臺可利用與各類型媒體建立良好的公共關係，多報導電臺的人事、得獎、慈善活動以提升電臺形象。

四、廣播促銷方式

廣播促銷目的在於爭取聽眾來增加收聽率，吸引廣告主來購買節目，增加電臺的利潤維持運作。廣播它不像一般商品有具體的形狀讓消費者看到摸到，它是無形的東西，在促銷本身時需利用自己的優點和外在媒體的推動。

1. 空中促銷

空中促銷是廣播最直接方便的使用手法，大致有下列幾種方式：

(1) 舉辦活動

透過活動的舉辦可以建立與地方企業、政府、聽友及居民的關係。對於聽眾服務、活動推廣、電臺本身、節目及節目主持人的曝光率及知名度都有相當大的幫助。例如：大眾電臺邀名歌星辦簽唱會，在警察節辦「你是我英雄」系列活動，與遠傳合辦「遠傳沒距離」活動。

(2) 現場轉播

國內聽眾對棒球和籃球比賽都相當熱衷，電臺可以和一些企業舉辦這類活動作現場轉播，另外，Call in和猜謎遊戲都可增加聽眾的參與感。

(3) 強迫收聽

與全省連鎖店、百貨公司、游泳池、休閒娛樂中心或捷運公司合作播放電臺的節目,這是最有效的強迫收聽方式。消費者是自動到這些公共場所,沒有選擇節目的權力,如果電臺能與這些業者取得合作關係,一定能引起廣告主興趣。這類型合作以音樂性節目較適合且廣告不能太多,否則容易引起反效果。

(4) 猜謎比賽與贈品

電臺可製作日常生活的實用品(磁鐵、鑰匙圈、馬克杯貼紙)贈送聽眾,在上面印有電臺ID、頻率,除有提醒作用外,又可加強聽眾對電臺的印象。ICRT舉辦航空公司的飛行地點的距離猜謎,答對的聽眾可得免費機票一張。諸如此類訊息的告知,如果運用得當可增加收聽率。有一種稱作垂直再收聽,比賽結果或贈品可在上午或下午時段揭曉,依收聽率高低來決定何時播出。如果上午收聽率高,得獎結果就要下午時段,反之亦然。水平收聽則要選擇一星期中收聽率最低的時段播出得獎結果,而比賽與贈品的促銷必須在其他天的時段中大力推銷。舉辦猜謎遊戲不要侵犯了他人權利。美國有家電臺舉辦尋寶遊戲,並暗示聽眾十萬美元藏在當地圖書館的書中,結果把圖書館的書籍破壞了,另一點要注意的是,比賽或免費贈品最好放在廣告前告知,以免聽眾漏聽了促銷訊息而錯失了機會。

2. 媒體促銷

廣播媒體靠自己本身在空中促銷,僅限於保持既有的收聽群,想要爭取更多的聽眾必須利用其他媒體的推廣。

(1) 廣播

AM或FM如屬於同一經營者可互相作促銷訊息的告知。彼此競

爭的電臺比較不願意接受另一臺的促銷訊息，主要怕聽眾流失。但性質型態不同的電臺可相互作促銷訊息的告知。如新聞臺比較硬性，可告訴聽眾如果你想輕鬆一下請聽某某音樂臺。而音樂臺也可告訴聽眾，如需要收聽新聞時，可聽某某新聞臺，雙方都互蒙其利。

(2) 電視

電視節目的收視群也有人口區隔，電臺可根據本身的型態，挑選電視節目作促銷告知。譬如新聞臺可於電視新聞性節目上作促銷，因為目標群的興趣都相同，電視與電臺的新聞可作為聽眾的互補。

(3) 印刷媒體

報紙、雜誌也有自己市場區隔的讀者群，電臺可根據和自己屬性相近的報紙雜誌來作促銷。例如：屬性偏向年輕化的音樂臺，可選擇《蘋果日報》等，這些平面媒體屬性較年輕化、娛樂化，電臺可加以利用來擴展聽眾群。

(4) 戶外廣告

電臺可選擇顯著的路口、地點上的看板，顯示出電臺名稱、頻率來加深聽眾印象。如果有獨家新聞或重大新聞，利用四色電子看板誘引聽眾去收聽電臺報導，這類戶外廣告文字都很簡要，很適合電臺的促銷，且價格又便宜，善加利用會有很好的效果。

(5) 公車捷運廣告

公車捷運行駛的路線大都在電臺涵蓋範圍內，廣告暴露率高，剛成立的一些新電臺常利用公車捷運作廣告促銷。而以青少年為訴求的電臺，車廂內看板最有效，因為學生每天上下課都搭公車，臺北塞車嚴重，會強迫這些目標群去看廣告，而且價格低廉，是電臺有效的促銷媒體。如果電臺能和公車建立關係請司機於行駛路線時，播放電臺

的頻道,也等於強迫車上的聽眾聽廣播,可增加收聽率並可吸引廣告主購買時段、增加電臺利潤。

(6) 網路媒體

由於網路的普及化、電臺也可利用網路提供服務增加新的聽眾,例如提供電臺最新的活動訊息,主持人、DJ的介紹網路留言版,並可透過網路會員錄,取得聽眾相關資料,可建立與聽眾的雙向互動,包括意見反映、問卷、活動告知等。

(7) 實用商品

電臺可利用日常生活的實用品,印上電臺名稱、頻率、識別體來提醒或加強電臺的印象。T-Shirt、桌上型電子鐘、冰箱的磁鐵、馬克杯、鑰匙鍊、貼紙、雨傘等商品,這些價廉實用的商品是聽眾每日必須去使用和接觸到的東西,能夠很自然加深對電臺印象。電臺也可跟超商合作促銷,凡電臺聽眾持電臺贈送的折價券或塑膠卡至超商購物可享受折扣,電臺同時在折價券和塑膠卡上印上電臺名稱、頻率,這種聯合促銷,對雙方都有好處。

(8) 新聞稿與公共關係的建立

電臺人事變化、升遷、獲得廣播金鐘獎等,都可透過電視、報紙、雜誌發布新聞,尤其是對廣播主持人形象的提昇,都可透過媒體的專訪與報導而提高知名度。電臺本身就是地方性媒體,臺灣目前正倡導社區文化,電臺可參加社區的文化公益慈善活動以建立和社區良好的關係,造成良好的口碑與形象的建立,都有助於收聽率的提昇。 註6 例如:ICRT與中國信託公司每年舉辦的「點燃生命之火」的慈善勸募活動。臺北之音舉辦雲門舞集公演,提供臺北居民欣賞文化的機會。另外,也可舉辦電臺參觀活動,讓聽眾瞭解廣播節目製作過程,接近電臺與聽眾之間距離。

在日益競爭的廣播電臺市場上，各電臺間無不利用促銷手段來爭取聽眾以提高收聽率，進而獲得廣告主的支持，爭取電臺利潤維持營運。為了達到促銷目的，各種促銷手法必須仰賴電臺本身的空中促銷和不同媒體的配合。在促銷中最重要是能獲得聽眾的認同。換言之，電臺要有很明確的定位深植在聽眾腦海裡，因為電臺無法讓聽眾看到、摸到、感覺到，唯一的方法就是在聽眾心中占有一席之地，電臺促銷就算成功。

五、電臺與相關事業

根據系統理論的觀點，所謂的系統是由具有特定目標的相互依存的元素所組合而成的集合體，任何組織在整個社會結構中是一個次系統，因此各次系統之間必須互相依存、相輔相成，以適應環境的需求。

電臺在整個社會結構中是次系統，必須和其他的次系統連結合作，才能在傳播市場上運作。其他次系統包括了政府、廣告主、廣告代理商、媒體購買公司、傳播公司、市調公司等等，茲分別作以下說明：

1. 廣告主

廣告主是依據消費市場的需求製造商品，委託廣告公司製作廣告經由媒體傳達商品訊息，希望消費者購買其商品以獲取利潤。

廣告主都有設立行銷部門，負責市場的行銷活動。廣告雖是行銷活動的一種工具，但是廣告主還是寧願僱用廣告代理商來從事廣告企劃作業。廣告主捨棄利用自己的行銷部門，而由廣告代理商從事行銷業務，其理由為：(1)代理商的各部門都專心從事廣告工作；(2)代理商吸引創意人員有發揮的空間；(3)代理商與媒體之間互動良好；(4)代理商會提供有關產品的市場資料與訊息給廣告主；(5)廣告主可節省行銷部門人事開支，只要幾位行銷人員即可監督廣告代理商的作業，如不符合其目標時還可更換廣告代理商。 註7

2. 廣告代理商

綜合經營各種廣告，以及促銷業務，並提供與此相關之行銷業務的服務。包括從市場背景分析、廣告企劃擬定、創意發想、廣告作品的完成、媒體企劃購買、促銷活動的舉辦和事後效果調查等。廣告代理商有三個基本功能：

(1) 幫助客戶企劃廣告

所有廣告的誕生都是源於企劃，因此廣告公司必須運用其所有的資源和人力，發揮高度團隊精神，群策群力的去完成一份好的整體廣告計畫。在這計畫中包括有關行銷及廣告的各方面，其中必須考慮的因素是銷售、行銷趨向、創意方向、媒體選擇以及有關市場的研究。

(2) 製作廣告

在企劃階段完成後必須把整體創意策略表現出來，廣告公司依照策略把它表現在媒體上。換言之，將創意策略轉換為可推銷出產品或勞務，或令消費者對廣告主及廣告產品產生好感的文案及設計；選擇傳播公司把CF的企劃意圖表現出來。

(3) 刊播廣告

廣告經過企劃及製作，必須根據媒體企劃選擇能以最低費用又最有效的媒體將廣告訊息傳達給最多潛在購買者。為了達到媒體目標和準時出現在媒體上，廣告公司的媒體企劃是指分析決定使用哪些媒體，以及採用的原因，安排在合適的各類媒體上刊播。

3. 專門廣告代理業

擅長特定的廣告業務，以經營特定業務為主的廣告代理業，例

如：有的電視廣播廣告專門代理業、交通、戶外媒體廣告專門代理
業、DM專門代理業、POP廣告專門代理業等。

(1) 廣播電臺代理

承攬各家廣播電臺業務或承包單一節目（例如：內製節目、插播
檔）的所有廣告時段的公司。

另外，所謂外製傳播公司，乃指製作該一外製節目的傳播公
司。因此，其廣告承攬的管道，可以分為以下三種：

方式一：　廣告主 → 外製單位 → 本電臺業務部

方式二：　廣告主 → 綜合廣告代理 → 外製單位 → 本電臺業務部
　　　　　廣告主 → 廣播廣告代理 → 外製單位 → 本電臺業務部

方式三：　廣告主 → 綜合廣告代理 → 廣播廣告代理 → 外製單位 ┐
　　　　└→ 本電臺業務部

需要注意的是，無論採取前述何種管道，廣告主、綜合或廣播廣
告代理均必須透過外製單位購買廣告檔次。因此，電臺外製節目單位
廣告按月包底制，乃稱「外製外包」制。

(2) 錄音傳播公司

承攬各廣告公司的廣播廣告製作，包括配音、效果音、配樂、旁
白等錄製剪輯工作。

4. 媒體購買中心

專屬於特定媒體之代理業，以媒體購買為中心。集中數家廣告公
司的廣告媒體經費，與媒體談判，因廣告量大，在時段或價格上占有
優勢的地位。 註8

飛碟聯播網廣告價目表

時　段		定價／月	週一～五	週　六		週　日
06:00-07:00	C	144,000	飛碟早餐　田宇宸		D	音樂捕手　傅薇
07:00-08:00	A	288,000	飛碟早餐			
08:00-09:00	A	288,000	周玉蔻		D	飛碟就業情報　田宇宸
09:00-10:00	A	288,000	生活大師	週末生活大師	C	週日生活大師
10:00-11:00	A	288,000	于美人＋傑夫	陳鴻		陳鴻
11:00-12:00	B	216,000	麗麗新世界 李麗芬	週末飛碟午餐 侯昌明＋謝麗晶	C	週日飛碟午餐 侯昌明＋謝麗晶
12:00-13:00	B	216,000	飛碟午餐 陳文茜			
13:00-14:00	B	216,000	一點關係 朱衛茵＋侯昌明	星際爭霸排行榜 豪兒＋胖妹	C	行銷大贏家 陳樂融＋黃麗瓔
14:00-15:00	B	216,000				高潮運動會／常中天
15:00-16:00	B	216,000	幽浮勁碟爆唱		C	幽浮勁碟爆唱 Super Live3-5 曾寶儀＋阿亮＋田宇宸
16:00-17:00	B	216,000	SUPER LIVE Johnny Show Johnny			
17:00-18:00	A	288,000	飛碟晚餐—李豔秋 合眾國／李豔秋	週末飛碟午餐 秦晴	C	劈哩啪啦遊臺灣 鍾欣凌＋趙自強
18:00-19:00	A	288,000	飛碟晚餐—趙少康 時間／趙少康			
19:00-20:00	B	216,000	飛碟小點心—寶貝七點鐘曾寶儀＋卜學亮	週末更有感覺 朱衛茵	C	東京呼喚 黃子佼
20:00-21:00	B	216,000	桃色新聞 陶晶瑩＋黃磊	冠軍笑花／藍心湄	C	黃磊時間 黃磊
21:00-22:00	A	288,000				
22:00-23:00	A	288,000	音樂奇葩　黃子佼			
23:00-24:00	A	288,000	夜光家庭 光禹		C	冠軍笑花　藍心湄
00:00-01:00	B	216,000				
01:00-02:00	C	144,000	今夜我陪你 蔡榮祖	幽浮音樂愛情故事		
02:00-03:00	D	96,000	幽浮不羈夜 德仔	愛神的深夜	D	幽浮不羈夜 德仔
03:00-04:00	D	96,000				
04:00-05:00	D	96,000				
05:00-06:00	C	144,000	飛碟早自習　田宇宸		D	愛神的早晨

等級	星期一～日	
	30 秒／次	60 秒／次
A	12,000	22,800
B	9,000	17,100
C	6,000	11,400
D	4,000	7,600

□廣告採輪播方式播出。
□如客戶須指定開口，
　必須加 15%廣告開口指定費。

□全省聯播頻道：大臺北 FM92.1　臺中、彰化、南投 FM89.9
　　　　　　　　苗栗 FM91.3　　雲林、嘉義 FM90.5
　　　　　　　　宜蘭 FM89.9　　花蓮、臺東 FM91.3
　　　　　　　　澎湖 FM89.7　　大高雄 FM103.9
□本節目表為北部節目，如需中南部節目表請電洽七福傳播。
□20 秒定價＝ 30 秒定價 ＊ 75%。

註　釋

註釋1：楊銘賢（1995）《管理概論》，臺北：中興管理顧問公
　　　　司，頁4-5。

註釋2：蔡念中等（1996）《傳播媒介經營與管理》，臺北：亞太
　　　　圖書出版社，頁222-225。

註釋3：黃新生等（1992）《廣播與電視上冊》，臺北：國立空中
　　　　大學，頁73-76。

註釋4：楊仲揆編著（1984）《實用廣播電視學》，臺北：正中書
　　　　局。

註釋5：Lews B. O'donnel, Carl Hausman and Philip Benoit (1989),
　　　　Radio Station Operations: Management and Employee Per-
　　　　spectives. Wadsworth Publishing Company; Belmont, Cali-
　　　　fornia, P.108.

註釋6：洪賢智（1995）《有效的廣播促銷方式》，臺北：電臺雜
　　　　誌，No.10，頁52-53。

註釋7：Marion Harper Jr, Cites at least six reasons from a NA ad-
　　　　vertising Mamagement Guideboole Series, Volume, V, 1958.

註釋8：柳婷（1999）《廣告與行銷》，臺北：五南圖書出版公
　　　　司，頁328。

第 **5** 章

廣電法規

第一節　美國廣電法立法經過

　　美國廣播電視法制定過程與理論基礎源自1912年美國國會鑑於無線電在海上救難及航海上的重要性，通過一個管理無線電律法，即「船泊無線電法」（Radio Ship Act, 1912），規定大型客輪必須裝置無線電信設備，聘任專門操作人員，二年後修法，擴大適用於大部分之洋輪。註1

　　廣播電臺相繼出現後，由於天生物理性關係會產生干擾，必須由政府公權力的介入來維持廣播秩序。1927年國會通過「無線電法案」（Radio Act, 1927），並成立「聯邦無線廣播委員會」（Federal Radio Commission, FRC），由五人組成委員會權力範圍包括核發電臺執照、分配頻率，劃定頻寬、規定發射電力、呼號的命名，並檢查電臺的節目是否達到「公眾的利益、便利和需要」。但此一法條並不意味著聯邦無線廣播委員會對節目內容有審查權。只是要求電臺的節目是否達到公眾利益，盡到服務大眾的責任，而作為是否繼續發照、繼續經營的參考和決定。註2

　　電子科技的進展，電視、調頻臺相繼出現。電報由商務部郵政局管理，電話則由州際商務委員會管理，造成權責混淆，事權不統一。1933年由羅斯福總統建議成立單一機構管理無線廣播、電報電訊等電子傳播媒介。1934年國會通過成立「聯邦傳播委員會」（The Federal Communications Commission, FCC）總統提名七人，指定其中一人為主席經國會同意任命，直接對國會負責，1982年減為五人小組。該委員會執行國會通過的電訊事法案，可頒布自訂的規章條例。凡違反這些法律規章的電訊傳播業者，依照所犯法的性質和情況可以採用吊銷執照、縮短執照和要求停業。註3

　　1934年的傳播法確立了處理廣播事業的原則：(1)該法賦予聯邦

傳播委員會爲經常性執行機關；(2)確立聯邦傳播委員會不能對電臺節目內容有審查和決定節目方針的權利；(3)委員會有權規定具體禁止的事項和要求。例如：不雅、褻猥的內容；(4)該法授權聯邦傳播委員會可自行頒布必要的規章，以確保聽眾得到電臺所提供高品質的節目服務。 註4

　　美國國會在1996年通過「通訊約束法」（Communications Decency Act），規定在網路上將任何「不適當」或「明顯不妥」的文字或圖片放到兒童可以找得到的地方，即屬犯罪行爲。違反者除可科處兩年徒刑外，還須處25萬美元罰款。法律生效後引起各方批評，最高法院判決通訊約束法違憲，其中部分措施對成人的通訊行爲做了不當限制。美國總統柯林頓與企業領袖、父母家長代表研商後，仿效電視反暴力節目在電視上裝設晶片，在網路上裝晶片，使兒童不能進入，既能保護兒童又不與美國言論自由價值觀相違背。 註5

第二節　美國廣播電視法的理論基礎

一、稀有資源

　　因電波的物理特性，如任其發射，必然造成互相干擾，爲了使廣播能清楚接收到訊息，必須由政府分配各個電臺的頻道。但由於科技的發展，頻道可壓縮增加，電波頻道已不再稀有，但因頻率使用時，仍會發生同頻互相干擾，爲了維持電波之間的距離，國家仍有介入管理之必要性。

二、公共利益

　　頻譜是屬於全民所共有，屬於公共財，因此政府必須保證使用此頻譜的經營者確實能爲大眾帶來利益。1927年無線電法案要求電臺

業者，節目要達到「公眾利益、便利及需要」，其精神概念是電臺業者，既然享有使用頻道權利，就要負起服務大眾的責任。這也作為日後電臺業者在申請新執照或申換舊照的憑據。

三、鉅大影響理論

電子媒介具有即時性的特點，尤其是收音機的普遍性，隨時扭開即可免費的直接收聽，倘若一些不雅、傷風敗俗的訊息傳遞出去，將造成不良後果。例如：色情暴力內容會違害社會治安，所以必須要法律約束這類的訊息。註6

四、美國憲法第一修正條款

在此一修正案規定「國會不得制定任何法律條文……剝奪言論自由」，但言論自由不是毫無限制的保障。廣電業者要負起向聽眾報導與其相關公共利益議題時才享有言論自由。

在此種理論架構下，電臺業者要有廣播頻譜是稀有的、是公共財的認知，如得到政府授權使用，必須服務於公共利益，而廣播的強大影響力如不當使用會危害社會，它必須保證提供正確有益社會的資訊，所有的廣播經營者都是公眾頻譜的受託人，而非所有人，此所謂的「託付理論」。註7

第三節　接近使用媒體權

在資訊社會時代，大眾獲取資訊的來源，以媒體為主，但在資本主義下的媒介市場有集中壟斷的趨勢，經濟和政治上較弱勢的大眾無法藉由媒介來表達心聲和意見，因此學者提出「接近使用媒體權」的觀念，希望由政府介入要求媒體提供發表意見的管道。讓每個人有機會經此管道作不同意見的交流與討論。

一、公平原則（Fairness doctrine）

　　1949年聯邦通訊委員會規定，電臺對於公共事務和對公眾具有重要的爭論議題時，必須向公眾提供各方的觀點。電臺的評論表示支持某位競選候選人和在討論具有爭論性議題，或某人遭到人品的攻擊時，電臺必須通知對方提供合理答辯機會。公平原則受到批評認為侵犯了媒體新聞編輯自主權，會造成寒蟬效應，因此媒體就不報導具有爭論性的議題以免觸法。直到1987年8月聯邦通訊委員會終於廢除已實施三十八年之久的公平原則。 註8

二、等機原則（Reasonable access rule）

　　該原則是根據1976年國會所制定的傳播改革法案（Campaign Communication Reform Act）第104條規定廣播電視媒體必須提供其傳播設備讓聯邦的合格候選人有機會合理使用，以便於發表政見。立法目的是允許合格候選人有機會在電視媒體上作政治辯論，有效提供選民資訊，促進民主運作的機制。 註9

三、等時原則（Equal time rule）

　　根據該原則，廣播電視媒體在公職競選期中，同意某一候選人以付費或免費之方式使用頻道時，必須在相同的條件和時段給予競選同一公職的其他所有候選人相同的待遇，而不可偏袒或拒絕另一方的請求。 註10

　　以上的這些規定都是希望廣電媒體能平等和公平的提供其設備，讓公職候選人使用發表其政見，也使民眾得到充分的資訊，以便作明智的政治選擇，並且有助於民主程序運作。

第四節　政府對廣播事業的管理

　　政府對於廣播事業的管理，於1952年即著手，在教育部內設置了廣播事業管理委員會，負責廣播電臺的設置與審查、廣播節目的設計與指導、廣播資料的審查與供應、廣播從業人員的審核與登記，以及其他有關事項。

　　1958年11月該會奉令裁撤，業務移交交通部接管。交通部於接管此項業務後成立了「廣播會報」，下設工程及節目兩組。「廣播會報」除了修訂了「廣播無線電臺設置及管理規則」外，並制訂了「廣播無線電臺工程技術及設備標準規範」，以及「廣播無線電臺節目規範」等，於1959年12月21日公布實施。

　　1961年7月1日，交通部廣播會報奉令撤銷，有關廣播電臺設置及監理業務仍由交通部負責處理，有關廣播電臺節目與經營輔導則移交新聞局接辦。1963年7月1日，交通部公布了「廣播及電視無線電臺設置及管理規則」與「廣播收音機及電視接收機登記規則」。同年11月12日新聞局公布實施「廣播及電視無線電臺節目輔導準則」。1965年新聞局根據前項準則設立了「金鐘獎」，以獎勵優良的廣播節目與電視節目。

　　1967年11月10日，教育部成立了文化局，原新聞局所執掌有關廣播電視輔導業務改由文化局第三處接管。文化局除繼續舉辦「金鐘獎」外，並舉辦廣播電視節目研討會、從事廣播電視專案調查研究、出版參考文獻等。而最具意義的是，在許多學者專家的研討之下完成了廣播法的草案。

　　1973年8月1日，文化局奉令撤銷，廣播電視輔導業務再劃歸行政院新聞局，由該局設立廣播電視處執掌。該局自接管到現在，對廣播電視事業的發展貢獻很多，2006年3月成立國家通訊傳播委員會，

接管新聞局廣電業務和交通部電信局電訊業務。1975年12月26日完成「廣播電視法」的立法程序，由總統於1976年元月8日公布實施，成為我國管理及輔導廣播電視事業的第一個經過立法程序法令。交通部於同年6月25日公布實施了「廣播及電視無線電臺工程技術管理規則」、「調幅廣播及電視無線電臺工程技術設備標準規範」，「調頻廣播及電視無線電臺工程技術設備標準規範」，以及「電視無線電臺工程技術及設備標準規範」，而該部有關廣播電視的規定均予以廢止。新聞局則於1976年12月30日公布實施「廣播電視法施行細則」。1977年8月6日公布實施「廣播電視事業從業人員管理規則」（後經修正改稱廣播電視事業負責人與從業人員管理規則）。同年9月20日公布實施「廣播電視節目規範」，但於1999年5月廢除。1978年10月23日公布實施「廣播電視節目供應事業管理規則」。1987年4月1日又公布實施「廣播廣告製作規範」。1993年8月11日公布實施「有線廣播電視法」，1999年2月3日修正。1999年1月15日公布實施「衛星廣播電視法」，2002年10月15日擬定廣播電視三法修正草案。

第五節　規範類型

　　依據頻道稀有理論和鉅大影響理論，廣播業者必須對聽眾負起社會責任和提供服務。因此在某些方面必須受到規範與管制。

一、新聞道德與自律

　　新聞媒體常面對的新聞道德問題有下列四種情況：

1. 利益衝突

商業電臺的經費皆來自廣告，廣告主常利用廣告預算來影響電臺

的新聞作業。最常見的是要求在節目中以明示或暗式方式為商品宣傳，以至於節目商業化，或要求電臺選擇播報與己有利的新聞而封殺不利己的報導。電臺為了經濟的因素常常屈服於廣告主的壓力之下。以個人因素而言，基於本身的私人問題或黨派觀點的不同，常用利用電臺來宣洩自己的感情表達出個人對政黨的觀點，把電臺常作宣洩工具或個人進入政治圈的跳板。這種以個人偏見和利益去報導新聞事件是不道德的。

2. 報導的真實性與準確性

新聞工作的本質為報導真相。換言之，就是精確、誠實、真相客觀、公平、平衡報導。但常為了某些私人利益作一些假事件的報導。最有名的就是華盛頓郵報記者珍納‧庫克假造一個黑人小孩為海洛因毒癮患者的故事，贏得普立茲新聞獎，最後被揭發而退還獎座並且遭到開除。2003年5月11日紐約時報開除記者傑森、布萊爾，因他的新聞號稱實地採訪，其實很多事件是自己捏造杜撰或剽竊抄襲其他記者文章。紐約時報除向讀者道歉外，並和新聞受害人及遭到剽竊者致歉。另一種方式是誇大不實、故意渲染事件引起聽眾注意，用來提高電臺知名度。例如：發生在2004年1月29日英國BBC記者葛立根在報導英國對伊拉克的生化武器威脅作了不實的渲染，引發BBC與英國政府之間嚴重衝突，BBC開除記者葛立根。

3. 新聞消息來源

電臺的新聞源自於記者固定採訪路線、通訊社、政府機關發言人、私人或民營機關所舉行的記者會。這些消息來源多以對自己有利的觀點呈現在媒體上，記者在採訪這類消息時必須審慎求證，避免被利用而不自知。

4. 公眾人物的隱私權

隱私權是一種不受干擾的權利，個人控制與自己有關資訊的權利。公眾人物因追求出名，同意曝光，且其行爲活動受到大眾合法興趣，多少喪失部分隱私權，但報導超過了個人隱密性的生活仍要負侵犯隱私權之責。因此如何報導意外事件中受害人的新聞，必須權衡輕重。 註11

二、事業主的干涉

電臺爲貫徹電臺政策，或考慮實際的經濟利益或政治利益，常用幾種守門方式來影響新聞報導內容：

1. 工作指派：要求記者選擇報導題材。
2. 新聞改寫：對於稿件內容作改寫或重點強調。
3. 編輯：刪改新聞稿內容。
4. 解聘不聽話記者。
5. 獎勵合作記者。 註12

三、社會的規範

社會的規範主要來自各方輿論的反應和壓力。

1. 立法委員或民意代表

聽眾如對某電臺的新聞或節目不滿，可請立法委員或民意代表代爲陳情，謀求改善。

2. 社會輿論

電臺在處理新聞違反新聞專業和道德時，會受到公正客觀團體的批評。例如：澄社、閱聽人監督媒體聯盟等組織的批評。

(1) 中華民國新聞評議委員會

當事人就新聞評論、節目、廣告或專題研究有異議時，可向新聞評議委員會申訴。該委員會會針對問題作一裁決，如當事人仍有異議，得在十五日內申請覆議。如該會維持原議，即不再作任何表示，各新聞團體或會員團體及從業人員必須遵守及履行該決議或裁定。不過該裁定文，僅為一種批判，並非實質上的制裁，希望對從業人員產生警戒作用和道德良心上的心理約束，防止類似事件再發生，同時對被害人有精神上的補償作用。

(2) 新聞公害防治基金會

於2002年10月15日成立。一個以法律為主的新聞「他律」組織。該基金會將定時觀察、監看媒體報導，並協助受新聞公害侵犯者透過法律途徑找回人權。

3. 其他媒體與同業的抵制

電臺記者採訪時超越了新聞專業或不遵守新聞道德與行規，其他媒體，如報紙、電視甚至其他電臺會群起攻之。

4. 消費者（聽眾）或消費者團體杯葛

消費者對電臺播報不實的廣告或節目，可循法律途徑或消極杯葛（拒聽、轉臺）方式作為抵制。消費者亦可組織起來，集體抵制電臺或廣告商。

5. 聽眾調查

電臺的節目是否受到歡迎，由收聽率的數字就可反應出來，電臺可根據調查的資料作為節目調整的依據。 註13

第六節　法規的管制

一、廣播電視法（節錄）

第一章　總則

第 1 條　　為促進廣播、電視事業之健全發展，維護媒體專業自
　　　　　　主，保障公眾視聽權益，增進公共利益與福祉，特制定
　　　　　　本法。

第 3 條　　廣播、電視事業之主管機關為國家通訊傳播委員會，獨
　　　　　　立超然行使職權。
　　　　　　前項委員會組織，應於本法修正施行後一年內以法律定
　　　　　　之。
　　　　　　前項組織法律未施行前，廣播、電視事業及廣播電視節
　　　　　　目供應事業之主管機關為行政院新聞局。電臺主要設備
　　　　　　及工程技術之審核、電波監理、頻率、呼號及電功率之
　　　　　　使用與變更、電臺執照之核發與換發，由交通部主管；
　　　　　　其主要設備，由交通部定之。

第 4 條　　廣播、電視事業使用之電波頻率，為國家所有，由交通
　　　　　　部會同主管機關規劃支配。
　　　　　　前項電波頻率不得租賃、借貸或轉讓。

第 5 條　　政府為特定目的，以政府名義所設立者，為公營廣播、
　　　　　　電視事業。由中華民國人民組設之股份有限公司或財團
　　　　　　法人所設立者，為民營廣播、電視事業。
　　　　　　廣播、電視事業最低實收資本額及捐助財產總額，由主
　　　　　　管機關定之。

無中華民國國籍者不得為廣播、電視事業之發起人、股東、董事及監察人。

　　　　　　政府、政黨、其捐助成立之財團法人及其受託人不得直接、間接投資民營廣播、電視事業。

　　　　　　除法律另有規定外，政府、政黨不得捐助成立民營廣播、電視事業。

第 5-1 條　政黨黨務工作人員、政務人員及選任公職人員不得投資廣播、電視事業；其配偶、二親等血親、直系姻親投資同一廣播、電視事業者，其持有之股份，合計不得逾該事業已發行股份總數百分之一。

第 5-2 條　前條所稱政黨黨務工作人員、政務人員及選任公職人員之範圍，於本法施行細則定之。

第 6 條　　廣播、電視事業不得播送有候選人參加，且由政府出資或製作之節目、短片及廣告；政府出資或製作以候選人為題材之節目、短片及廣告，亦同。

第 7 條　　遇有天然災害、緊急事故時，政府為維護公共安全與公眾福利，得由主管機關通知電台停止播送，指定轉播特定節目或為其他必要之措施。

第二章　電臺設立

第 8 條　　電臺應依電波頻率之分配，力求普遍均衡；其設立數目與地區分配，由主管機關會同交通部定之。

第 10 條　　廣播、電視事業應經主管機關許可，並發給廣播、電視執照，始得營運。

　　　　　　廣播、電視事業之許可，主管機關得考量設立目的、開放目標、市場情況、消費者權益及其他公共利益之需要，採評審制、拍賣制、公開招標制或其他適當方式為之。

廣播、電視事業各次開放之服務區域、執照張數、許可方式及其他相關事項，由主管機關公告之。

申請經營廣播、電視事業者，應檢具設立申請書、營運計畫及其他規定文件，向主管機關申請籌設；經核可或得標者，由主管機關發給籌設許可。

前項營運計畫，應載明下列各款事項：

一、總體規劃。

二、人事結構及行政組織。

三、經營計畫及營運時程規劃。

四、節目規劃、內部流程控管及廣告收費原則。

五、財務結構。

六、如為付費收視聽者，其收費基準及計算方式。

七、人才培訓計畫。

八、設備概況及建設計畫。

九、其他經主管機關指定之事項。

申請籌設應具備之文件不全或其記載內容不完備者，主管機關得以書面通知申請者限期補正；屆期不補正或補正不完備者，不予受理。

主管機關發給籌設許可前，得命申請者依規定繳交履行保證金；申請者未依規定籌設或未依核可之營運計畫完成籌設者，主管機關不退還其履行保證金之全部或一部，並得廢止其籌設許可。

廣播、電視事業許可之資格條件與程序、申請書與營運計畫應載明事項之細項、事業之籌設及執照之取得、履行保證金之繳交方式與核退條件及其他應遵行事項之辦法，由主管機關定之。

第 12 條　廣播或電視執照，有效期間為九年。

前項執照於有效期間屆滿前，應依主管機關之公告，申

請換發執照。申請換發執照之資格、條件與程序及其應遵行事項之辦法，由主管機關定之。

依前項規定申請換發執照者，應於執照有效期間屆滿前一年內為之。

申請換發廣播或電視執照所繳交之文件，經主管機關審查認應補正時，應以書面通知廣播、電視事業限期補正；屆期不補正或補正不全者，駁回其申請。

換發廣播或電視執照申請書格式及附件，由主管機關定之。

主管機關應就廣播或電視事業所提出之營運計畫執行情形，每三年評鑑一次。

前項評鑑結果未達營運計畫且得改正者，主管機關應通知限期改正；無法改正者，主管機關得廢止其許可並註銷廣播、電視執照。

第 14 條　廣播、電視事業之停播，股權之轉讓，變更名稱或負責人，應經主管機關許可。

前項停播時間，除不可抗力外，逾三個月者，其電波頻率，由交通部收回。

第 14-1 條　廣播、電視事業經營有盈餘時，應提撥部分盈餘充作提高廣播、電視事業水準及發展公共電視之基金；其徵收方式、標準及基金之管理運用，另以法律定之。

第三章　節目管理

第 16 條　廣播、電視節目分為左列四類：

一、新聞及政令宣導節目。

二、教育文化節目。

三、公共服務節目。

四、大眾娛樂節目。

第 17 條　前條第一款至第三款節目之播放時間所占每週總時間，廣播電臺不得少於百分之四十五，電視電臺不得少於百分之五十。

　　　　　大眾娛樂節目，應以發揚中華文化，闡揚倫理、民主、科學及富有教育意義之內容爲準。

　　　　　各類節目內容標準及時間分配，由主管機關定之。

第 18 條　電臺具有特種任務或爲專業性者，其所播放節目之分配，由主管機關會同有關機關定之。

第 19 條　廣播、電視節目中之本國自製節目，不得少於百分之七十。

　　　　　外國語言節目，應加映中文字幕或加播國語說明，必要時主管機關得指定改配國語發音。

第 21 條　廣播、電視節目內容，不得有左列情形之一：

　　　　　一、損害國家利益或民族尊嚴。

　　　　　二、違背反共復國國策或政府法令。

　　　　　三、煽惑他人犯罪或違背法令。

　　　　　四、傷害兒童身心健康。

　　　　　五、妨害公共秩序或善良風俗。

　　　　　六、散佈謠言、邪說或淆亂視聽。

第 22 條　廣播、電視節目對於尚在偵查或審判中之訴訟事件，或承辦該事件之司法人員或有關之訴訟關係人，不得評論；並不得報導禁止公開訴訟事件之辯論。

第 23 條　對於電台之報導，利害關係人認爲錯誤，於播送之日起，十五日內要求更正時，電台應於接到要求後七日內，在原節目或原節目同一時間之節目中，加以更正；或將其認爲報導並無錯誤之理由，以書面答覆請求人。

　　　　　前項錯誤報導，致利害關係人之權益受有實際損害時，電台及其負責人與有關人員應依法負民事或刑事責任。

第 24 條　廣播、電視評論涉及他人或機關、團體，致損害其權益時，被評論者，如要求給予相等之答辯機會，不得拒絕。

第 25 條　電臺播送之節目，除新聞外，主管機關均得審查；其辦法由主管機關定之。

第 26 條　主管機關得指定各公、民營電臺，聯合或分別播送新聞及政令宣導節目。

第 26-1 條　主管機關應依電視節目內容予以分級，限制觀看之年齡、條件；其分級處理辦法，由主管機關定之。電視事業應依處理辦法播送節目。
　　　　　主管機關得指定時段，播送特定節目。

第 27 條　電臺應將其節目時間表，事前檢送主管機關核備；變更節目時亦同。

第四章　廣告管理

第 30 條　民營電臺具有商業性質者，得播送廣告。其餘電臺，非經主管機關許可，不得為之。

第 31 條　電臺播送廣告，不得超過播送總時間百分之十五。
　　　　　有關新聞及政令宣導節目，播放之方式及內容，不得由委託播送廣告之廠商提供。
　　　　　廣告應於節目前後播出，不得於節目中間插播；但節目時間達半小時者，得插播一次或二次。
　　　　　廣告播送方式與每一時段中之數量分配，由主管機關定之。

第 33 條　電臺所播送之廣告，應與節目明顯分開；內容應依規定送請主管機關審查。經許可之廣告內容與聲音、畫面，不得變更。
　　　　　經許可之廣告，因客觀環境變遷者，主管機關得調回複

審。

廣告內容審查標準，由主管機關定之。

第 34 條　　廣告內容涉及藥品、食品、化妝品、醫療器材、醫療技
　　　　　　　術及醫療業務者，應先送經衛生主管機關核准，取得證
　　　　　　　明文件。

第 35 條　　廣播、電視事業之負責人或其他從業人員，不得將電台
　　　　　　　設備之全部或一部，交由委託播送廣告者直接使用。

第五章　獎勵輔導

第 36 條　　廣播、電視事業合於左列情形之一者，應予獎勵：

　　　　　　　一、宣揚國策或闡揚中華文化，成績卓著者。

　　　　　　　二、維護國家或社會安全，具有績效者。

　　　　　　　三、辦理國際傳播，對文化交流有重大貢獻者。

　　　　　　　四、推行社會教育或公共服務，成績卓著者。

　　　　　　　五、參加全國性或國際性比賽，獲得優勝或榮譽者。

　　　　　　　六、在邊遠、貧瘠或特殊地區，經營廣播、電視事業，
　　　　　　　　　成績卓著者。

　　　　　　　七、對廣播、電視學術有重大貢獻，或廣播、電視技術
　　　　　　　　　有發明者。

　　　　　　　前項獎勵規定，對廣播、電視事業負責人與從業人員及
　　　　　　　節目供應事業準用之。

第六章　罰則

第 41 條　　廣播、電視事業違反本法規定者，視情節輕重，由主管
　　　　　　　機關予以左列處分：

　　　　　　　一、警告。

　　　　　　　二、罰鍰。

　　　　　　　三、停播。

四、吊銷執照。

二、著作權法

第 3 條　公開播送：指基於公眾接收訊息為目的，以有線電、無線電或其他器材，藉聲音或影像向公眾傳達著作內容。由原播送人以外之人，以有線電或無線電將原播送之聲音或影像向公眾傳達者，亦屬之。

公開演出：指以演技、舞蹈、歌唱、彈奏樂器或其他方法向現場之公眾傳送著作內容。以擴音器或其他器材，將原播送之聲音或影像向公眾傳達者，亦屬之。

依前兩項規定。在公開場合播放音樂分「公開播放權」與「公開演出權」。公開播放權以一般電視臺或電臺播放為主，公開演出權主要針對一些賣場或商店等公開場合，但從電臺或唱片行所得到的音樂並不具有公演權，也就是說「在公開場所播放本身要銷售的CD或電臺節目給大眾聽仍須另外付費，否則違法。可向「中華音樂著作權人聯合總會」取得授權。

第 11 條　受雇人於職務上完成之著作，以該受雇人為著作人。但契約約定以雇用人為著作人者，從其約定。

依前項規定，以受雇人為著作人者，其著作財產權歸雇用人享有。但契約約定其著作財產權歸受雇人享有者，從其約定。

前二項所稱受雇人，包括公務員。

第 12 條　出資聘請他人完成之著作，除前條情形外，以該受聘人為著作人。但契約約定以出資人為著作人者，從其約定。

依前其項規定，以受聘人為著作人者，其著作財產權依契約約定歸受聘人或出資人享有。未約定著作財產權之

歸屬者，其著作財產權歸受聘人享有。

依前項規定著作財產權歸受聘人享有者，出資人得利用該著作。

廣播稿如為廣播者親自撰寫，著作權就屬電臺。但是並非該作者所有的作品著作權都屬電臺，例如：該作者在下班之後所寫的任何稿件，著作仍歸其本人所有。此類情形端視其與電臺之間的和約如何註明。如果電臺雇員並非受雇為電臺寫作，則其作品版權自當歸其本人，這是基於契約自由原則。

第 24 條　著作人專有公開播送其著作之權利。但將表演重製或公開播送後再公開播送者，不在此限。

如經表演著作人同意現場錄音、錄影或重製後，表演著作人不可再有公開播送權，但詞曲著作權尚有，因此電臺欲播放有著作權的著作應取得同意。

第 47 條　為編製依法令應經教育行政機關審定之教科用書，或教育行政機關編制教育用書者，在合理範圍內，得重製、改作或編輯他人已公開發表之著作。

前項規定，於編製附隨於該教科用書且專供教學之人教學用之輔助用品，準用之。但以由該教科用書編製者編製為限。

依法設立之各級學校或教育機構，為教育目的之必要，在合理範圍內，得公開播送他人已公開發表之著作。

空中大學或設有電臺的合法學校，僅能公開播送一部分內容，不能整套一卷播出。

第 49 條　以廣播、攝影、錄影、新聞紙或其他方法為時事報導者，在報導之必要範圍內，得利用其報導過程中所接觸之著作。

第 58 條　廣播或電視，為播送之目的，得以自己之設備錄音或錄

影該著作，但以其播送業經著作財產權人之授權或合於
本法規定者爲限。

前項錄製物除經主管機關核准保存於指定之處所外，應
於錄音或錄影後一年內銷毀之。

廣電事業歌曲一般都先錄製再播送，很少現場轉播，無
可避免會重製，爲播送需要得暫時性錄製之合理使用。

第 61 條　揭載於新聞紙、雜誌有關政治、經濟或社會上時事問題
之論述，得由其他新聞紙、雜誌轉載或由廣播或電視公
開播送。但經註明不許轉載或公開播送者，不在此限。

三、　刑法

第 310 條　意圖散布於眾而指摘或傳述足以毀損他人名譽之事者，
爲誹謗罪。處一年以下有期徒刑、拘役或五百元以下罰
金。

散布文字、圖畫犯前項之罪者，處二年以下有期徒刑、
拘役一千元以下罰金。

對於所誹謗之事，能證明其爲眞實者，不罰。但涉於私
德而與公共利益無關者，不在此限。

誹謗的定義是指一種損害「某特定人」名譽的錯誤陳述，要向他
以外的第三者、傳布、使他的身分地位降低、被公眾隔離，甚至遭受
公眾的仇恨、藐視、嘲笑而不利於他的工作或事業。註14

1998年政大邱姓學生在網路上張貼大字報，指趙姓教授抄襲學
生作業，卻無法證明，被高院判決誹謗罪處拘役五十五日。

1999年某管理學院蔡姓教授，向法院控告一對蔡姓夫婦涉嫌寄
發電子郵件毀損他的名譽。法院調查認爲蔡教授於偵查庭中就承認與
蔡婦發生性關係，兩人往來書信均以夫妻相稱，顯見婚外情指摘並非
虛構。蔡婦之夫對婚外情氣憤塡膺，自屬人之常情，言語間縱有不
當，也不能認爲有誹謗之意，且蔡姓夫婦的電子郵件僅寄給任教學校

和教育部長，未再寄給他人，亦無廣泛散布行為。高院認為教師應道德無缺，人格無損，否則有損師道不足以春風化雨，因此認為蔡姓教授不倫關係與公共利益有關係，被告被判無罪。

第 311 條　以善意發表言論，而有下列情形之一者，不罰。

　　　　　一、因自衛、自辯或保護合法之利益。

　　　　　二、公務員因職務而報告者。

　　　　　三、對於可受公評之事，政府或有關大眾利益事項，而
　　　　　　　為適當之評論者。

　　　　　四、對於中央及地方之會議或法院或公眾集會之記事，
　　　　　　　而為適當之載述者。

　　　1996年亞洲週刊出版第十卷第四十三期，國民黨捐給白宮1,500萬美元的政治獻金醜聞的報導，劉泰英認為內容不實嚴重損害他的名譽向法院提起自訴。判決書指出，對於可受公評之事，新聞媒體發表言論之動機、目的如悉出諸善意，而無毀損他人名譽之惡念，亦即為新聞報導之行為經合理訪問查證，確信其所報導為真實，從事後得知與真相有所差異，仍應符合上開善意的意涵，不能論以刑法誹謗罪。

第 312 條　對於已死之人，公然侮辱者，處拘役或三百元以下罰
　　　　　金。

　　　　　對於已死之人，犯誹謗者，處一年以下有期徒刑、拘役
　　　　　或一千元以下罰金。

　　　1976年潮州文獻雜誌發行人郭壽華以筆名寫了一篇文章，文中指韓愈曾患風流病，結果被韓愈後代控告誹謗罪。法院認定有罪，依誹謗死者罪判處罰金三百元。

註　釋

註釋1：游梓翔、吳韻儀（1994）《人類傳播史》，臺北：遠流出
　　　　版社，頁288-291。

註釋2：戴增義譯（2000）《廣播電視節目編排與製作》，北京：
　　　　新華社，頁62-63。

註釋3：同註2，頁68。

註釋4：同註2，頁66。

註釋5：聯合報（1997）6月28日。

註釋6：Eelezny(1993) *Communication Law* Belmont CA: Wad-
　　　　sworth Publishing Company，頁422-424。

註釋7：林亦堂（1998）《跨世紀的美國電子傳播事業》，臺北：
　　　　廣電基金會，頁24。

註釋8：John R. Bittner (1994) *Law and Regulation of Electronic
　　　　media* New Jersevg: PREVTICT Hall, Englewood Cliffs，頁
　　　　119-120。

註釋9：林子儀（1999）《言論自由與新聞自由》，臺北：元照出
　　　　版社，頁25。

註釋10：同前註，頁251。

註釋11：王淑眞（1993）《新聞道德理論基礎》，臺北：華瀚文
　　　　　化出版社，頁83。

註釋12：黃新生《廣播與電視》，臺北：國立空中大學，頁90。

註釋13：同前註，頁105。

註釋14：漆敬堯（1994）《誹謗》，臺北：政治大學新聞研究
　　　　　所，頁83。

第 **6** 章

電臺節目 企劃與類型

第一節　廣播節目的企劃

　　無論是何種型態的廣播節目，均須經過詳細的評估、縝密的策劃方能付諸實現。而這些事前的籌劃之最具體展現，就是企劃書的寫作。

　　企劃的程序大體說來，從節目構想的形成、經費預算到內容策劃與設計、製作流程與實際製播，均為企劃書應包含的範疇。以下簡單敘述企劃的各階段與企劃書應包括的內容。

一、節目構想

　　節目的構想與靈感是一個節目誕生的源頭。在構思一個節目時，應考量的條件為：

1. 是否符合時代潮流或聽眾（一般大眾或特定族群）需要。
2. 是否符合電臺整體形象與節目規劃。
3. 節目對象（盡可能先作聽眾調查）。
4. 經費來源。
5. 實際執行有無困難、如何克服（特別是長期播出如帶狀節目）。
6. 預期效果為何。

二、節目企劃

　　在初步構想建立之後，進入細部的企劃階段。企劃時的具體展現為企劃書的寫作。

　　寫作企劃書時須有明確的項目，並注意各項細節須明確而具體，以利電臺、廣告主暨相關單位審核，更有助於實際執行。

1. 節目名稱

一般來說，節目名稱以簡潔、響亮、易記爲佳，亦可搭配與節目內容相關之流行用語，惟須注意廣播爲聽覺傳播媒體，任何用語均須讓聽眾「一聽就懂」，避免易遭誤解之諧音、破音字詞。

2. 節目類別

節目類別雖然很難明確的加以定義，但應有一基本路線以資遵循。

3. 節目宗旨

須強調節目製作的宗旨如「藉輕鬆愉快的流行音樂使聽眾舒展緊張身心，進而掌握流行脈動」等。

4. 製作人姓名、簡歷

製作人掌握整個節目企劃的執行。除了節目的構思、企劃外，製作過程中的溝通協調、進度掌握、內容調配、活動安排、行銷業務等均有賴製作人的運籌帷幄。因此製作人的個人資料、學經歷等應記載於企劃書，供審核單位參考。

5. 主持人姓名、簡歷

主持人是節目的靈魂。廣播節目由於沒有畫面的干擾，節目的節奏、氣氛，完全由主持人掌控，主持人的個人風格對節目的成敗影響至鉅。

6. 播出頻道

企劃書呈遞的電臺闢有一個以上的頻道，此節目尤須作審慎考量：考量其頻道種類（調頻、調幅或短波）、經營特性、節目特

色、聽眾群等。

7. 播出時段

播出時段關係到經費預算，原時段該電臺聽眾收聽習慣、該時段其他電臺節目類型與收聽率等，均對本身節目類型與內容安排產生極大的影響。

8. 節目構想

闡明企劃這個節目的動機、節目的特色等構想。

9. 節目對象

說明該節目的目標聽眾為何種年齡層、職業或知識背景、所在區域等。

10. 節目內容、單元流程

詳細說明節目各單元之進行程序、時間、內容。

11. 預期效果

預估該節目播出之後對同時段節目、整個電臺的營運等各方面的影響。

12. 經費預算

包括播出時段費、製作費（除製作人員薪資外尚應考量所有可能的支出如活動、贈品、郵電交通等）、主持費等。註1

第二節　廣播節目企劃書

一、〔生活大富翁〕節目企劃書

1. 節目名稱：生活大富翁

2. 節目類型：生活、健康、資訊、休閒節目

3. 節目長度：60分鐘

4. 節目時段：中廣流行網每週日18：00～19：00

5. 錄製方式：live現場播出

6. 主持人：趙婷、劉爾金

7. 節目企劃：孫法鈞（亞太影展最佳編劇、超視「我們一家都是人」戲劇指導）

8. 製作單位：中廣宜蘭臺

9. 製作構想

一個有趣的廣播節目，它的重點不應該只有聳動的標題和內容；一個提供生活情報的訪談，它最需要的是真實而幽默的觀點。

在週日傍晚的時分裡，不應該只是沉澱上週所發生的點點滴滴，同時也應該花點心思計畫下週的生活，這樣才能讓生命充滿完美同時也令人期待。基於這樣的出發點，我們創造出「生活大富翁」這樣知性而具有生活觀點的節目，內容包括

了娛樂新聞、旅遊情報和健康資訊，除了回顧上週大事之外，還配合季節介紹下週可以進行的活動，讓聽眾在收聽完節目之後，更能掌握生活情報進而豐富生命。

10. 單元內容

(1) 娛樂新聞Top Ten

在進完片頭之後，以快節奏的音樂作為襯底音樂，以幽默的方式播報出編輯室整理票選出的上週10大娛樂新聞。在過程中我們除了回顧上週發生在娛樂圈的大事，並且也帶領出下一單元的內容。

(2) 相約播音室

我們邀請在上週十大娛樂新聞中，榜上有名的藝人，來作現場訪談，談談事件的始末以及開放call in，滿足聽眾對於藝人的關心，同時在主持人和話題來賓的對談中，我們看到新聞事件人物的真實生活，同時也讓聽眾瞭解不同於一般時事的觀點。

(3) 休閒最速報

配合週休二日的趨勢，每週邀請名人、藝人或是旅遊界重量級人士，介紹臺灣及世界各國的最佳休閒去處。除此之外，單元中還會向聽眾介紹最新的休閒器材，來增添休閒的樂趣。

(4) 健康百分百

健康的生活是需要被經營的，沒有健康的生活，根本無法談生活的品質。在「生活大富翁」裡，以深入淺出的方式介紹簡單但成效很好的養生之道，其中包括了運動、營養、空氣和飲水的品質管理，讓生命裡充滿著彩色的光輝。

11. 節目特色

(1) 以生活中的點點滴滴作為節目的素材,容易引起聽眾的共鳴。同時以綜合性的話題,更能將收聽層有效的擴大。

(2) 主持人趙婷和劉爾金是橫跨影視的主持人,人氣指標正以黑馬的姿態快速竄升,對於節目的集眾力大大加強。

(3) 融合了溫馨和爆發性趣味的廣播節目,總是令人回味再三,本企劃準確掌握箇中巧妙,新鮮度保證絕對百分之百。

(4) 與時事的關聯性強,邀請熱門新聞話題人物到現場,除了帶給觀眾超高的臨場感之外,同時也給予觀眾及時的時事趣味。

(5) 每週針對主題邀請數位特別來賓,跟一般節目只邀請一位特別來賓作廣泛但無深度的對談,絕對不同。

12. 時段分析

(1) 聽眾主要收聽時段多集中於18：00～19：59及0：00～1：59,本播出時段正在其中之一。

(2) 收聽廣播年齡層多集中於13～19歲和20～29歲,其中以學生和家庭主婦居多。也就是說我們設定之節目內容和完全針對了目標群而設計,有喜感有深度,較其他以「八卦當有趣」為主題的節目,更適合成為闔家收聽的知性節目。

二、「愛Love Story」節目企劃書

1. 節目名稱：愛Love Story

每一首情歌都擁有自己的音樂愛情故事,而這故事正是藉由歌曲來傳達,「愛Love Story」就是要給聽眾朋友無數個甜蜜的Love Story。

2. 節目類型：音樂資訊類

3. 節目宗旨

　　情歌在音樂市場中一直占有相當大比例，各年代的情歌曲風、節奏、所欲強調之對象、內容、方式都不盡相同，調性也隨著歌手的詮釋有很大的不同，本節目希望在各種類型的情歌音樂中，截取其精華，再搭配一般生活上的事物，結合歌曲來說故事，讓聽眾瞭解同樣是情歌，內容卻可以有很大的不同。

4. 播出頻道：臺北廣播電臺調頻FM 93.1

　　本節目為音樂資訊類節目，為顧及整體節目之收聽品質（含音樂播放、資訊提供等），故挑選調頻臺播出。

5. 節目對象

　　主要聽眾群為：16～25歲之學生、社會新鮮人。
　　次要聽眾群為：26～35歲之社會人士。

6. 播出時間：每週日早上

7. 節目長度：60分鐘

　　為能完整介紹情歌的資訊及歌曲，本節目規劃為一小時的時間，期望能在一小時（60分鐘）節目中，提供給聽眾豐富且溫暖的各類型情歌資訊。

8. 播出方式：預錄

9. 收聽範圍：大臺北地區為主，基隆以南、新竹以北地區。

　　本節目為音樂資訊類節目，為求節目的收聽品質，故挑選調頻

臺，臺北電臺調頻臺主要服務聽眾群為大臺北地區之聽眾，故收聽範圍以大臺北地區為主；其次為新竹以北、基隆以南之地區。

10. 使用語言：國語為主；英語、日語為輔

「愛Love Story」節目，將以介紹及播放華語情歌為主，節目中所使用的語言及提及之資訊也以國語來進行。但節目中介紹到國外（含英、美、日本及韓國等）的情歌歌曲，談到國外的音樂資訊時，則會使用歌曲的語言為主（歌名或一些歌詞中的詞語用法）。

11. 節目企劃、製作與主持人簡歷

(1) 姓名：李柏賢
(2) 學歷：世新大學廣播電視電影學系廣播組，四年級
(3) 經歷：
　　① 以《消失的聲音》作品，入圍教育廣播電臺第九屆金聲獎
　　　 —非流行音樂類
　　② 100年　世新廣播電臺AM729「故事伴我眠」節目主持人
　　③ 100年　世新大學管弦樂團慈善音樂晚會主持人
　　④ 99年　　世新廣播電臺FM88.1「Campus Go！」節目主持
　　　 群

12. 節目特色

(1) 節目內容以「故事主題性」來進行歌曲介紹，在節目中以一個生活中的故事主題來引導出歌曲、以歌曲串連成一個故事，不僅可以增加聽眾對節目的收聽意願，生活性的主題更可以獲得聽眾的共鳴。
(2) 節目所介紹播放之歌曲，雖是以當前流行之情歌為主，但會談到臺灣與國外獨立音樂樂壇發展情形，故在歌曲挑選上，也會加入些許獨立音樂，讓聽眾除了接受當前大眾流行之情

歌，也可獲得小眾的獨立音樂資訊。

(3) 本節目開播之同時，亦將設立節目部落格，聽眾可至部落格獲得每集節目相關資訊，也可在網站上留言或是點播歌曲，甚至與主持人做更多互動。

13. 節目內容

每集節目，將選定一個故事主題做為節目主軸，並搭配生活中所發生的各種事物與歌曲，用音樂來說故事。節目分三個主要小單元，內容如下：

(1)【擁有這一刻】

本單元所選擇的情歌歌曲以90年以後（近代新興流行歌手）的情歌為主，除播放華語情歌外，也會介紹日、韓、英、美等國之流行愛情歌。各國的情歌調性差異並不大，但風格有時相當不同，因此除了純粹播放情歌外，也會提到華語與國外的情歌在歌曲風格上之不同與各自的特色；更會提到演唱者的經歷，讓聽眾對情歌及演唱者能更加瞭解。

單元中也會加入些許獨立音樂資訊，因獨立音樂往往是未來流行音樂的走向或趨勢，提供這類情歌，不僅能讓聽眾獲得更多元的資訊，也可以聽見不一樣的聲音。

(2)【經典愛情歌】

經典愛情歌的歌曲挑選可分為以下幾種：

① 經典傳唱情歌

挑選90年以前的經典愛情歌，可能是當年火紅一時的、或是排行榜居高不下的、或是當年造成話題性的歌曲。而這些具有知名度的歌曲，可能也都是目標聽眾群能夠琅琅上口或相當熟悉的歌曲。

②偶像劇情歌

90年左右亞洲地區開始出現短篇偶像劇，只要聽到歌曲就可以聯想到某部偶像劇。如：早期臺灣偶像劇：流星花園－情非得已（庾澄慶）、愛殺十七－口袋的天空（張韶涵）；日劇花樣少男少女－PEACH（大塚 愛）；近期的韓劇「原來是美男」－約定（李洪基）等。

③金榜情歌

挑選排行榜的情歌首選，像是KTV的點唱排行、各大音樂單曲排行榜的歌曲做介紹。除介紹歌曲的火紅程度，更會提及歌手的相關資訊。

(3)【新戀情】

「新戀情」單元為新專輯之推薦，像是近期內發行或即將發行之專輯，其中主打歌為情歌，或其專輯以收錄情歌為主之專輯，將會在本單元做介紹與推薦。

而推薦之專輯，並不侷限於華語音樂市場，也會推薦日本、韓國及英、美等國之新專輯。

14. 節目預估流程

每集預估之簡略節目製播流程（如下表）：

序	項目	時間（估）
1	節目大片頭＋Opening	5分鐘
2	「擁有這一刻」單元片頭	1分30秒
3	播歌曲＋介紹	15分鐘
4	臺呼	30秒
5	介紹＋播歌曲	10分鐘

6	臺呼	30秒
7	「經典愛情歌」單元片頭	1分鐘
8	播歌曲＋介紹	15分鐘
9	臺呼	30秒
10	「新戀情」單元片頭	1分鐘
11	介紹＋播歌曲＋Ending	10分鐘
	總時間	60分鐘

15. 預期成效與自我評估

「愛 Love Story」節目，屬音樂類型節目，並將音樂類型鎖定為流行情歌。目標聽眾群為正值青春時期，其戀愛的經驗有過去式也有進行式，藉由收聽本節目，勾起心中最深處的甜蜜感覺。聽眾藉由收聽滿滿60分鐘的情歌歌曲及資訊，也能夠獲得與其他流行音樂不一樣的感觸。

16. 製播集數

自民國101年9月份起至102年8月底止，共52集。

第三節　廣播節目製作管理辦法

一、目的

為使公司節目能有效的企劃、製作，藉本辦法將節目製作流程統一標準化，以期能確保節目之品質。

二、範圍

本辦法適用於本公司所製作之音樂網、寶島網、資訊網、流行網、鄉親網等節目。

三、名詞定義

1. 音樂網：製作音樂性之節目。
2. 寶島網：製作本土性之節目。
3. 資訊網：製作資訊性之節目。
4. 流行網：製作綜藝性之節目。
5. 鄉親網：製作區域性之節目。

四、管理重點

1. 企劃作業

(1) 各網於某一時段節目停播前，應即時再企製配合該網網性之節目播出。
(2) 如整網重新更動，改變類型時，應針對類型特色，作整體規劃，由製作單位提出。

2. 審議作業

節目審議委員會，由副總經理召開，相關部門主管擔任審議委員，各網新節目開播時，均須由各網總監核定後，提送「節目審議委員會」審核。

(1) 製作單位依據各網屬性定位政策擬定新節目型態，編製【節目企劃書】及錄製節目樣帶，並附【各廣播網新節目企劃評聽審核參考資料表】及【各廣播網新節目企劃評聽審核評分表】送交節目審議委員會審核。

(2) 審核標準包括：主持人技巧、節目內容及製作技巧。

(3) 新開播節目審議通過後，由各網總監通知節目內外製作單位提送【節目企劃書】內製單位另提送【節目預算計畫表】呈總經理核定。

　①【節目預算計畫表】（影本）、【節目開播簽呈】（影本）送交財務部，據以控管各項支出。

　②【節目企劃書】（影本）【節目預算計畫表】（影本）製作單位存查，據以執行。

3. 錄製及播出作業

(1) 節目錄製

　① 預錄節目製作單位依據節目企劃內容錄製節目帶或磁片後，填立【節目播出內容及審聽紀錄表】，將節目名稱及播出日期、時間填註，黏貼於完成帶上密封。

　② 若錄製於電腦中排播，則依日期存檔於電腦資料庫，並按月製作電腦備份，以防資料流失。

　③ 現場播出節目依照節目企劃內容製播，由音控師及節目助理協助主持人播出，須填立【節目播出內容及審聽紀錄表】。

(2) 使用音樂者另填立【歌曲音樂使用播出紀錄表】一式四聯，或由電腦自動轉檔產製報表，由節目製作單位存查，並依約送交各簽約之音樂仲介團體。

(3) 由各網總監負責錄製進度、節目品質、成本之控制以及公司內部相關行政作業協調。

(4) 節目播出前置作業，由總監召開會議，與主持人、節目助理、資訊及成音工程人員，就節目錄製播進行協商與分工。

4. 節目異動

(1) 節目或節目主持人如需異動時，由製作單位填寫【節目變更申請單】經各網總監同意並簽章。

(2) 節目內容如需異動時，由製作單位填寫【節目變更申請單】向各網總監提出申請。

(3) 節目錄製時間如需異動時，由製作單位填寫【錄音室使用申請單】向各網總監提出申請。

五、參考文件

1. C254N04　　錄發音室製作間使用管理細則
2. C102N08　　不合格產品管理辦法
3. C402N01　　播出管理辦法

六、使用表單

1. C105N03　　簽呈
2. C255N01　　節目預算計畫表
3. C255N02　　各廣播網新節目企劃評聽審核參考資料表
4. C255N03　　各廣播網新節目企劃評聽審核評分表
5. C255N04　　歌曲音樂使用播出紀錄表
6. C255N05　　錄音室使用申請單
7. C255N20　　節目變更申請單
8. C255N22　　節目變更申報書
9. C255N26　　節目播出內容及審聽紀錄表

七、本辦法呈總經理核准後發行，其修廢程序亦同

節目製作流程圖

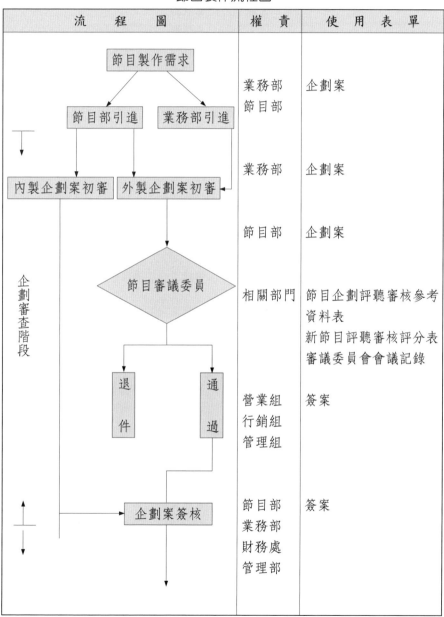

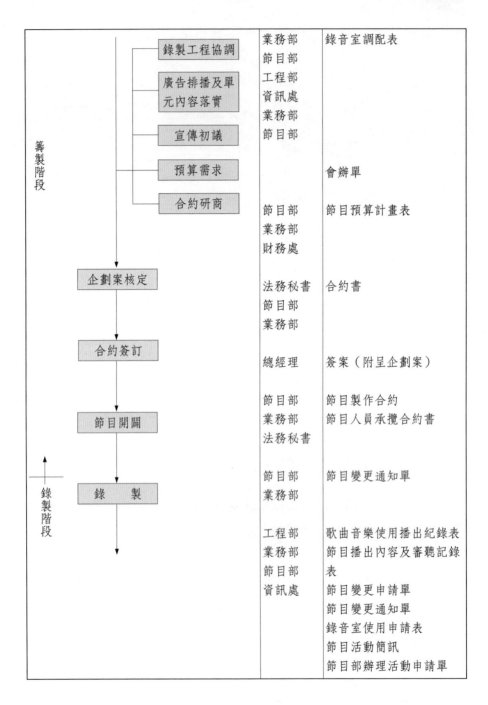

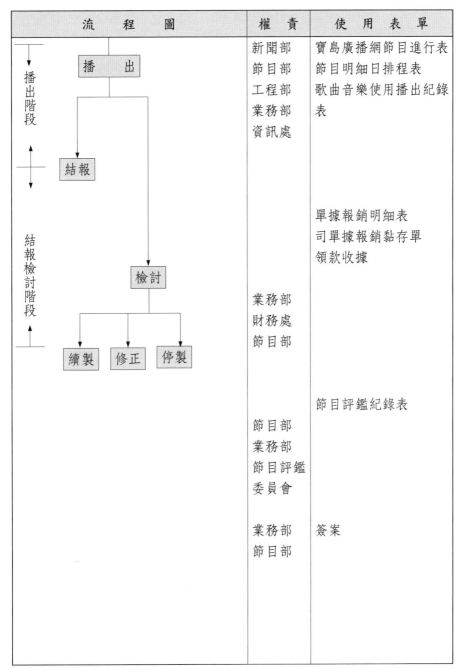

流　程　圖	權　責	使　用　表　單
播出階段 — 播　出 → 結報 — 結報檢討階段 — 檢討 → 續製 修正 停製	新聞部 節目部 工程部 業務部 資訊處	寶島廣播網節目進行表 節目明細日排程表 歌曲音樂使用播出紀錄表
		單據報銷明細表 司單據報銷黏存單 領款收據
	業務部 財務處 節目部	
	節目部 業務部 節目評鑑 委員會	節目評鑑紀錄表
	業務部 節目部	簽案

資料來源：中國廣播公司。

中國廣播公司節目播出內容及審聽紀錄表

播出日期： 年 月 日（星期 ）播出語言：□國 □閩 □客 □其他

節目名稱		播出時間	： ／ ：	□錄音 □現場	
製作單位		主持人		網別：	

節　　目　　及　　廣　　告　　內　　容				
時　間	單　元	內　　　　　　　　　　　容		備　註
／				
／				
／				
／				
／				
／				
／				
／				
／				
／				
審聽記事				

※廣告請填產品名稱、秒數及審稿素材編號，節目單元請在內容欄註明訪談來賓頭銜、全名及訪談主題，以方便審聽。

※預錄節目請將本表隨同節目帶送交；若為電腦播出，節目只需送交本表，現場及預錄播出節目請於節目結束後填交。

※歌曲音樂請另外填寫歌曲音樂使用播出紀錄表。

節目總監： 審聽人： 審聽日期：

第四節　廣播節目製作過程

一、企劃審查階段

新節目企劃評聽審核小組會根據以下原則給予評分。

1. 節目內容是否適合節目對象。
2. 節目內容風格是否獨特。
3. 節目內容的表現形式。
4. 節目的長度。
5. 節目的播出時間是否吻合節目的性質、聽眾作息時間。
6. 節目預算是否超出或不夠。

二、籌製階段

1. 錄製工程協調。
2. 廣告排播及單元內容落實。
3. 宣傳初議。
4. 預算需求。
5. 合約研商。
6. 合約簽訂。
7. 開關節目時段。

三、錄製階段

錄製階段是根據已設計好的Rundown流程表，直接在播音室播出。在錄製前必須注意事項有下列幾點：

1. 看稿：主持人必須從頭到尾瞭解節目的主題觀念、時間、段

落，先熟悉後錄製成音，才不會生疏，造成錯誤。

2. 專業知識與經驗：對播出的節目內容事先瞭解、蒐集、閱讀有關的背景資料和專業知識，避免在錄製時言之無物。

3. 表達能力：根據內容、段落、節奏、氣氛用聲音適當的表現出來引起聽眾共鳴。

四、播出

　　廣播播出節目分為事先錄好再依節目表時間播出，另一種是現場播出，主持人依節目進行表控制節目的流程完成。節目編排人員為了使節目達到有效傳播，會依據播音鐘，把各單元節目按時間分段，詳細說明什麼時候播什麼樣內容，以達到各節目單元能順利進行而不會有中斷的情況發生。現在則在播音室上方有電子鐘取代，更加清楚和精確。

五、審聽記錄

　　播出的同時要監聽並記錄在已設定的表格上，作為下次節目改進的參考。

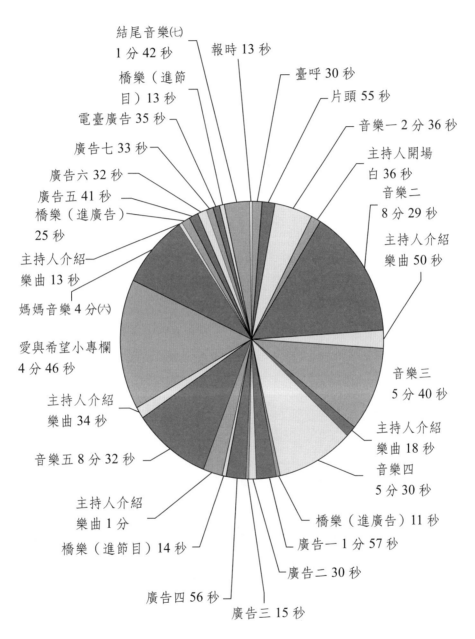

結尾音樂㈦
1 分 42 秒
橋樂（進節
目）13 秒
電臺廣告 35 秒
廣告七 33 秒
廣告六 32 秒
廣告五 41 秒
橋樂（進廣告）
25 秒
主持人介紹
樂曲 13 秒
媽媽音樂 4 分㈥
愛與希望小專欄
4 分 46 秒
主持人介紹
樂曲 34 秒
音樂五 8 分 32 秒
主持人介紹
樂曲 1 分
橋樂（進節目）14 秒
廣告四 56 秒
廣告三 15 秒
廣告二 30 秒
廣告一 1 分 57 秒
橋樂（進廣告）11 秒
音樂四
5 分 30 秒
主持人介紹
樂曲 18 秒
音樂三
5 分 40 秒
主持人介紹
樂曲 50 秒
音樂二
8 分 29 秒
主持人開場
白 36 秒
音樂一 2 分 36 秒
片頭 55 秒
臺呼 30 秒
報時 13 秒

節目鐘

節目進行流程（RUNDOWN）

共　頁／第　頁

電臺名稱：　　　　　　　播出頻道：
節目名稱：　　　　　　　播出時間：
節目類型：　　　　　　　節目長度：
節目主持人：

序　號	單　元　名　稱	單　元　內　容	進行時間	備　註

第五節　廣播節目的類別

　　目前各廣播電臺並非依廣電法的分類方式，而是依節目性質而分類。本章的廣播節目分類方式是參考各電臺的節目表現方式，作以綜合歸納，其類別如下：

一、新聞節目

　　根據2002年廣電人對臺灣地區的收聽行為調查，收聽廣播內容以資訊和音樂為主。新聞也是資訊的重要來源，因此，任何廣播電臺都有新聞節目，尤其是發生重大災害時，廣播新聞的即時性和不受時空限制的特色，為其他媒介所不及，而獨占鰲頭。新聞節目依其性質可分五種，分別為新聞報導、新聞評論、新聞座談、新聞訪問與現場轉播。

1. 新聞報導節目製作

　　電臺新聞報導是常態性，一般都是每整點播報一次新聞，更有專業的新聞臺，也有每15分鐘播報新聞。新聞報導節目製作過程包括新聞採訪、新聞寫作、新聞選擇、新聞編排及新聞播報。

(1) 新聞採訪

　　採訪的目的在於獲取新聞的事實，提供事實的新聞來源有國內外通訊社、公私立機關新聞稿、私人記者會、電臺記者的採訪。

　　除非突發新聞的採訪，例行、專題採訪，廣播記者都要事前準備，有了萬全的準備，才能訪問成功達成任務。準備的項目如下：

　　① 資料的蒐集：廣泛蒐集採訪對象背景資料和題目的專業知

識，記者所發問的問題才能切入重點，雙方才有共同的交
集。

② 錄音器材的準備：廣播記者採訪時還要錄音或作錄音訪問，
因此事先必須先檢查錄音帶、麥克風、電池等是否裝配妥
當，以免進行訪問時，或結束訪問後，才發現錄音效果不
佳，甚至並沒有錄進帶子，而空忙一場。

③ 事先溝通：記者欲作訪問之前，應先通知受訪者，及約略簡
述訪問內容，先與受訪者溝通，預約時間，以免受訪者外出
或感到突兀等情形發生。

④ 採訪前應注意事項

‧嚴守時間觀念：前往採訪要準時不能遲到，在採訪過程
中，要控制好時間，不能太長或太短。

‧態度誠懇禮貌：在進行採訪時，提問的內容和表達的方式要
得體，贏得受訪者的良好印象，有助於採訪順利。

‧氣氛和關係培養：良好氣氛的環境有助於雙方的對談，適時
微笑和幽默的語言都可建立彼此之間關係。

⑤ 訪問時之注意事項

‧問對問題使被訪者能順利回答，不要讓受訪者有為難情
形。

‧先提小問題，再提問作結論的大問題。

‧提問的方法因人因事而異，隨機展開話題。

‧不要明知故問，會引起受訪者的反感。

‧一次問一個問題較適宜，提問二個以上問題，受訪者無法記
得清楚，無法明確回答或忽略了其他問題。

‧記者問話不宜自問自答或占太多的說話時間。

‧進行訪問中，受訪者還未說完時，不要插話，這是不禮貌的
行為。

‧不要提出受訪者可用「是」或「不是」來回答的問題。

‧尊重個人的隱私和習俗，不要探究個人私密事情和侵犯禁忌話題。

(2) 新聞寫作

廣播新聞寫作是為聽而寫，因此與其他文字媒體寫作的思維方式不同，它是運用聲音符號，所寫出來的文字是被聽而不是看的，要聽得清楚、聽得懂，所以在新聞寫作方面必須注意以下原則：

① 區分同音字：廣播新聞寫作要特別注意同音字不同或音相近字不同，如在寫作中不與區別，會使聽眾誤解內容。例如：走進和走近、全部和全不、切記和切忌。廣播寫作對這些不容易聽清楚或會引起誤解的字詞必須作適當的調換。

② 簡稱和縮寫的使用：廣播新聞寫作中，要儘量使用全名，不用或少用簡稱。簡稱聽眾很難聽懂，如北約應寫成北大西洋公約組織。

③ 語詞的使用：在寫作碰到單語詞時要換成雙語詞，在書寫時單語詞比較多，但口語和白話文中都使用雙語詞。例如：「故」改為「所以」，「若」改為「假如」，「乃」改為「是」，「亦」改為「也」，「于」改為「在」。原則上，廣播寫作中單語詞要改雙語詞，最好能口語化。 註2

④ 動詞與名詞：廣播新聞不需要很華麗、不要靠形容詞或副詞的修飾，多用動詞及少用被動詞，主要讓語言有動感能讓聽眾留下深刻印象。名詞的作用在於對事物準確的敘述使聽眾有完整的認識。代名詞在廣播新聞中受到限制使用，如必須重複使用某些名詞時。在意思不變的情形下，把名詞變化一下，會使新聞語言更具動感。 註3

⑤ 數字的使用：數字的使用要具體化，最好用單位表示，以免聽眾去思索。1,000,000元要寫成一百萬元。

⑥ 多用慣用語和成語、諺語：慣用語在日常生活中常使用，例

如：眼中釘、走後門、半瓶醋等。諺語是眾口相傳而且富有深刻印象，譬如不到長城非好漢。周瑜打黃蓋，一個願打一個願挨。成語也很適用於廣播寫作，恰當使用，達成好的效果，因成語大眾長期使用而又精簡，很容易瞭解其意義。例如：樹欲靜而風不止。註4

⑦ 注意時態問題：廣播新聞講求時效性，因此廣播新聞非常講究時態問題。例如：總統10號上午巡視警政署，若事情發生時間在今天上午，則改寫為總統今天上午巡視警政署，不寫日期原因是避免聽眾去推算日期造成困擾。

⑧ 人名、地名的處理：第一次出現的人名或地名應說出全名，但對有名的人則看情況而定，如吳宗憲都以憲哥稱之。而不為人知的地名必須描述它的地點所在位置。如卯澳位於新北市澳底鄉。

(3) 新聞選擇

電臺稿源眾多，也無法全部播出，編輯人員對新聞的取捨是以電臺節目政策為取決的標準和新聞的專業來取捨新聞。綜合新聞價值的標準，包括：

① 時宜性：新聞之所以為新聞就是要新，聽眾聽新聞就是要瞭解最近發生的事情，而廣播媒體在傳遞速度上比其他媒體占了有利的條件。

② 變動性：時代在更替、社會在變動，人為了適應周遭環境的變化，才要收聽新聞，因此影響人類行為及生活方式變動愈大愈廣，則新聞價值愈高。

③ 接近性：新聞受到聽眾的注意與其距離的遠近成正比。每個人都對自己身邊發生的事情感興趣，這也是媒體比較重視地方新聞的原因。

④ 重要性：一則新聞的重要與否，取決於該新聞對社會的影

響，愈重要的事情，影響力愈大。例如：國內米、酒、石油漲價，影響民生消費，就受到大幅報導。

⑤ 趣味性：對趣味性的新聞感興趣是人性的反映，尤其在忙碌的工作壓力下，趣味性新聞可使聽眾輕鬆一下；同時在硬性的新聞中也可平衡一下內容，通常在新聞結束前都會播出人情趣味的新聞。 註5

(4) 新聞編排

廣播新聞因受時間限制，新聞都是簡單明瞭，其編輯原則如下：

① 依新聞的重要次序排列：愈重要新聞，愈先播報，或先報導各報頭條新聞。

② 分類編排：依其發生地域分類，如「地方新聞」、「國內新聞」、「國際新聞」、「氣象時間」、「體育新聞」，或依內容分類成社會新聞、財經新聞、大陸新聞、文教新聞、娛樂新聞、健康醫療新聞等。

③ 相互矛盾或可以能夠對照的新聞放在一起：例如：家財萬貫的富人領救濟金，而貧窮老榮民把平日儲蓄捐給慈濟。

④ 同一性質或題材的新聞放在一起：臺灣發生921大地震和義大利發生地震的新聞可排在一起播報。

(5) 新聞播報

新聞播報在聲音的表達方式和播報技巧上與一般製作節目有些不同。新聞播報要使人聽起來有權威感和可信度，在播報時必須注意下列幾點：

① 事先熟讀稿子，瞭解其意，遇有不懂地方先查資料。

② 發音要清晰，語氣中肯，不浮誇，要有權威感。

③ 播音速度依稿子內容，快慢適中。

④ 依文案內容唸稿時要句讀分明，配合語意時要抑揚頓挫。

⑤ 語氣轉折時也避免出現呼吸聲。

⑥ 每段新聞之間，要適當停頓，以利區分。

⑦ 播報錯誤應立即更正，以免造成誤會。 註6

(6) 新聞評論

評論節目分為兩種型式，一種是針對重大新聞事件，請學者專家就新聞的背景、因素、發展趨勢與影響加以分析，使聽眾對新聞事件瞭解與認識。另一種評論以電臺的主觀立場表達看法。在評論寫作上有其要求的方式。

① 簡短有力：冗長的評論，聽眾無法專心的聽下去，尤其是對籠統或抽象性的內容更不能太長。廣播評論要寫得短而且要簡潔明白，把事件的重要問題很具體化說出來，如為了短而言之無物那是無用的。刪除與事件無關的部分，儘量精練的表達出來，短才有意義。 註7

② 口語化：廣播評論要用淺顯易懂的語言，用深入淺出的方式表達出來，因此在語言的使用上要口語化、通俗化，把主要的意涵告知聽眾而對事件有所啟發與省思。 註8

③ 主題明確：新聞評論是一種說理性的內容，評論人要有卓越的學識，根據事實材料作出判斷和推理。廣播稍縱即逝，為了讓聽眾瞭解說理的內容並且加以思考，因此在評論主題上要集中於一個事件的主題，不要分散主題的焦點。 註9

④ 形式活潑化：廣播評論要達到事、情、理的標準。事，就是新聞事件；情，是引起聽眾對新聞事件的情感；理，是在新聞事件中所蘊藏的道理。廣播評論對新聞作評論和推理外，還要動之以情，評論人在事件評論中利用聲音流露出自己的情感，以喚起聽眾的共鳴，增強評論內容的說服力和影響力，情與理的融合表達是廣播評論寫作的最高意境。 註10

(7) 實況轉播

實況轉播可分為現場實況錄音轉播和現場立即轉播兩種。前者在時間、內容上未必適合全部播出，因此必須經過剪輯後才播出。一般的突發性新聞事件或籃球、棒球比賽都是現場立即轉播，記者與工作人員利用電話，把現場發生事情的實況利用電話傳回電臺總控制室，再由衛星系統或T線或ISDN線或電話專線傳送發射臺播出去。為了使現場轉播能順暢，記者要事先對現場進行瞭解，並與工程人員作溝通，包括地點位置、時間的控制、工程設備、線路的流通，作預測的效果檢驗，轉播時還必須注意下列事項：

① 注意訊號的聯絡順暢性與時間點的控制。
② 現場聽眾無法看到的事件，記者必須作補充說明。
③ 遇有新的新聞資料，必須隨時插播，聽眾才能立即聽到最新資訊。
④ 現場報導要反應敏捷，個人不要太情緒化、激動，以免影響聽眾情緒。
⑤ 避免轉播時間的提前結束，事前必先準備材料包括音樂歌曲素材和事件背景資料，避免冷場情況發生時沒有內容補滿時段。 註11

二、公共服務節目

根據1999年4月21日更新法令修正案第26條規定新聞得指定各公民營電臺，聯合或分別播送新聞及政令宣導節目。因為廣播是使用稀有頻道，必須服務大眾，其節目的設計也應達到公眾的需要、便利、興趣的目的，因此公共服務節目就是增進公眾利益的節目。公共服務所報導內容包括了生活教育與道德倫理、一般法律常識、環境衛生、股市行情、交通服務、農漁業知識及政令宣導等。

1. 表現方式分為下列二種

(1) 節目方式：有固定時間、時段播出。新聞局每年對各電臺甄選政府宣導企劃書，核可後可於電臺的固定時段以廣播短劇或其他表現方式播出。

(2) 插播方式：於節目中播出政府的宣導內容，對於必須不斷提醒聽眾注意或不適合特別製作節目播出，又沒有適當相關節目安排就必須用插播方式，如預防土石流、防範火災等訊息。

2. 公共服務節目又可分為

(1) 政令宣導：報導政府各項行政措施與命令。

(2) 農漁業氣象：專門針對農漁民需要，和普遍的氣象報告不一樣，不僅預告天氣狀況，還需從農漁業作業觀點，告訴他們如何防範風雨來襲。

(3) 農業節目：包括農業的專業知識、農耕作業技術、各種稻米蔬菜果類的培養。例如：以前中廣寶島網星期一至星期六，06：00～06：30的「好農家」節目。

(4) 宗教節目：內容多為淨化人心、安定社會、勸人向善為目的。

(5) 法律常識：為聽眾解答有關法律的問題，使民眾對法律具有基本常識，並保障自己的生活權益。例如：警廣「空中律師服務」。

(6) 婦女時間：內容則包含家政、美容、服裝、育嬰、醫藥、兒童保健及家庭預算等基本常識。

(7) 醫療保健：以提供維護個人健康與環境衛生的知識為主。例如：警廣中醫保健單元。

(8) 工商報導：讓民眾瞭解國內的產業狀況、市場行情、股市交

易、股票分析。

為達到公共服務節目的效果,製作時應注意下列幾點:

(1) 節目型態要活潑自然、生動有趣,避免流於俗套、說教。

(2) 內容資訊要符合民眾實際需要。

(3) 提供各類型的專門知識。

三、教育文化節目

(1) 教育節目

包含教學節目,而教學節目通常只是指學校教育節目與語言教學節目。

廣播教學不受任何時空限制,在終身教育的政策下,是一種最好的社會教育工具。廣播電臺可以三種方式播放教學節目:①專設電臺作為廣播教學之用。例如:我國的教育廣播電臺;②在電臺的廣播網中闢一條專用線路。例如:中國廣播公司的資訊廣播網;③在電臺播出的時段,撥出一部分時間,作為教學之用。例如:在很多電臺播放的空中英語教室。

教育廣播電臺是目前我國唯一的公營教育專業電臺,其教學節目包含空中學校教學、社會教育節目及語文教學等。空中學校教學,又分空中專科學校和空中大學兩大項。空中專科學校與空中大學,在電視上所播出的一切課程,教育電臺全部按時播出。社會教育節目則包括普通社教節目與社會教育科目。而語文教學節目,現已增闢為七個國家的語言節目,以配合社會的需要。

(2) 文教資訊節目

舉凡與生活文化有關的活動、資訊都屬之。常表現的方式就是介紹各地的民俗、鄉土文化和民間藝術、環保、生態保育等。包括三義木雕、美濃油紙傘;鶯歌陶土創作等。例如:漢聲電臺「寶島

鄉土情」，中廣寶島網的「認識臺灣」，高雄廣播電臺「與自然共舞」、「水雉復育」等。

四、兒童節目

製作兒童節目的目的在於使兒童成長過程中，有完整的人格發展，因兒童在社會化的過程中，模倣力強，所以在製作兒童節目時，要格外嚴謹用心。節目內容必須富有啓發性和教育的目的。製作兒童節目可邀請教育學者、學校家長、電臺及兒童心理專家共同協力製作。例如：愛樂電臺「音樂開門——兒童床邊故事」，漢聲高雄臺「神奇魔法書」、「兒童樂園」。

1. 製作兒童節目，應注意之事項

(1) 題材主旨要有教育性的意義。

(2) 節目內容要富有變化，其表現形式包括：遊戲、猜謎、講故事、短劇，使兒童在表演過程中產生興趣，達到寓教於樂。

(3) 節目內容要富有啓發性、創造思考能力和正確的人生觀。

(4) 題材的設計讓兒童也能親自參與，並動手去做。例如：陶土、剪紙等，能引導兒童在操作中學習。

(5) 節目內容要簡易符合兒童的程度，詞彙使用以兒童的教育水準作標準。

(6) 節目內容情節應避免尚未經歷的事件和恐怖的情境，以免兒童無法體會和認知或造成過度驚嚇產生心理創傷。

2. 選擇兒童節目主持人，應注意之事項

(1) 主持人須對兒童心理有相當的瞭解才能契合兒童的需求。

(2) 主持人必須音色甜美，並善於用聲音的表達吸引兒童注意。

(3) 主持人的態度要和藹可親，也可由兒童擔任主持人，使兒童

產生認同並能建立友誼。

(4) 主持人的遣詞用字要在兒童能瞭解的範圍內。

(5) 主持人要有說故事、唱歌、玩遊戲的各項才藝。

五、戲劇節目

廣播節目中的戲劇節目，依其性質可分為：

(1) 連續劇：每週一至五，劇情相連，每次播出一小時，集數依劇情而定。中廣寶島網週一到週五「大愛精選劇場」。

(2) 單元劇：每星期播出一次，50分鐘長度。漢聲電臺週日的小戲迷劇場。

(3) 小說選播：由主講人照劇本口述，劇情有角色出現時，由另人表演。中廣新聞網週一至週六「午夜劇場」。

(4) 地方戲劇：各地方的戲曲為主。例如：國劇、粵劇、歌仔戲、布袋戲等。

在電視尚未發明之前，廣播劇一直是深受聽眾所喜愛的廣播節目，而以廣播連續劇與單元劇最受到一般聽眾的歡迎。廣播劇雖不是以視覺的戲劇型態為其本質，但劇情上要有衝突性和情節的鋪陳、構成一個故事而用聲音表達出來。由於廣播運用聲音、語言、音樂及音效等，因此在劇情要有衝突、對立、懸疑、增加劇情的張力，達到劇情的高潮並發揮聽眾想像力使聽眾更能融入劇情。

1. 廣播劇的構成要素

(1) 動作：廣播是聽覺媒體，動作必須藉由聲音來完成。如關門聲、打鬥聲。

(2) 對話：對話要能表達場景的意義、或提供一些訊息、或描述動作及人物特性的刻畫。

(3) 情節：鋪陳故事、對話和動作主要在製造情節，創造戲劇張力效果。

(4) 有頭有尾：故事發展不可能唐突發生，有因必有果，因此要合乎邏輯，劇情的發展要合理。並且不可多線發展，以免劇情結構鬆散沒深度。

(5) 衝突：衝突可存在於人與人之間、人與內心、人與環境，讓劇中人去解決困難而完成目的。

(6) 懸疑：為了保持聽眾的好奇心，劇情的發展要有伏筆，對於衝突的解決不能一下子就完成，或對情節的答案很快揭曉。 註12

2. 製作廣播劇注意要點

(1) 聽眾無法看到角色表演，因此人物不能過多，1小時的廣播劇，大約不超過五到七人，且每個角色在劇中的表現要很明顯、個性突出。

(2) 每個角色的音色、音質不能太相似或太接近。

(3) 避免一個人擔任多種角色。

(4) 對劇中人的喜怒哀樂要能經由音色表現出來。

(5) 對白要生活化、簡短、精練。

(6) 行動的音效要準時出現，以免產生不連貫的感覺。

六、音樂節目

　　無論哪種類型的廣播節目都需要音樂的陪襯，主持人在錄製節目時可依節目的段落而使用不同作用的音樂。在製作節目的過程中常使用音樂包括「標幟音樂」用於廣播節目的頭或尾端，聽眾一聽就可分辨是哪一家電臺節目。「背景音樂」是加強節目的氣氛。「過橋音樂」用於銜接兩節目。

1. 音樂種類，就其性質而分

(1) 國樂欣賞：以中國樂器演奏為主。例如：笛、箏、二胡、鑼

等聯合演奏或獨奏。

(2) 西洋古典音樂欣賞：其中包含交響樂、進行曲、歌劇、協奏曲、奏鳴曲、芭蕾舞劇曲、組曲等。

(3) 國語流行歌曲欣賞：因以流行為主，較為一般年輕人欣賞。

(4) 西洋流行歌曲欣賞：以西洋樂器伴奏，英文歌詞為主。

(5) 綜合音樂欣賞：節目中不限制播何種音樂，也不限定專播一種音樂。

(6) 輕音樂欣賞：旋律大多輕快流暢、雅俗共賞。

(7) 民謠欣賞：此類歌曲大多具有民族性或地方性。例如：山歌、陝西民謠、臺灣民謠、客家民謠等。

(8) 老歌欣賞：大多為舊時的流行歌曲，包括國語及西洋老歌部分。

(9) 校園民歌欣賞：多為校園創作的歌曲，深受年輕人喜愛。

2. 音樂節目製作要點

(1) 音樂節目內容要有特色和風格，配合目標聽眾的喜好。

(2) 節目時間對音樂的選擇，早上音樂富有活潑朝氣的節奏。晚上音樂應該選擇輕鬆愉快富有情調的輕音樂。如有節慶，也可播放應景的音樂增加喜慶的氣氛。如聖誕節、春節。

(3) 音樂性節目主持人不宜說話時間過長，以免影響欣賞音樂的目的。

(4) 在節目進行過程中，主持人可事前蒐集背景資料，在適當時機加以解說，使聽眾瞭解其內涵。

(5) 舉辦一些活動像點歌、歌曲排名、歌星選拔等，或票選本週排行榜的歌手，以鼓勵聽眾的參與。

七、綜藝性節目

綜藝性節目，顧名思義是綜合數種不同類型的內容成為不同單元

而組成某特定時段的節目，其內容和設計以聽眾的偏好來安排，由固定主持人來主持節目，因此，綜藝性節目的特點有：(1)有固定時段，節目名稱及時間長度。例如：中廣「美的世界」，節目星期一到星期六每天都有播出。(2)節目中可呈現不同的單元，比較多樣化且生動活潑。例如：中廣「美的世界」節目中，單元包括了挖新聞、路見不平、臺灣最in、中午吃什麼？(3)綜合性節目主持人因常與聽眾面對面溝通，很受聽眾歡迎時、知名度將會隨著節目提升。

1. 綜藝節目製作要點

(1) 節目的設計先瞭解聽眾的興趣與偏好。
(2) 單元的創意來源掌握社會流行的脈動。
(3) 節目內容的安排要有變化，每個小單元要有獨特的風格、趣味。
(4) 片頭片尾音樂要有特色，讓聽眾一聽到音樂就知道節目性質。
(5) 邀請受歡迎的影歌星和知名的公眾物上節目，可以提昇綜合節目的知名度。

2. 綜藝節目主持人的條件

(1) 具備廣播製作經驗和社會知識。
(2) 具有優美的音色音質、突顯個人獨特魅力。
(3) 臨場應變能力和幽默感予人平易近人親切和藹的感覺。
(4) 節目安排依節目排序表進行，要流暢時間控制得宜，展現組織能力和創造力。
(5) 節目訪問中不談人的隱私，保持中立客觀的立場。 註13

八、廣播廣告

　　廣告是電臺主要的收入來源，廣告的製作都由廣告主委託廣告公司發想創意後，再委託錄音公司製作廣告錄音帶，最後送到電臺播放。廣播廣告可以承攬整個節目或獨家提供節目方式或另一種插播廣告於節目進行中播出。

　　廣播是一種聽覺的媒體，在聽覺的時空環境中，離不開口白、音樂、音效三種要素的組合。廣播廣告並非缺一不可的都要具備這三種要素，才能作成一則廣播廣告。在直述式的廣播廣告，只有口白而沒有音樂和音效；歌唱型的廣告只有音樂歌詞而沒有口白，都是廣播廣告的表達型式。在廣播廣告的創作中最好是善加利用三要素的組合、發揮聽覺的最大效果，口白具有介紹產品的優點功能，音樂能提升消費者對產品的好感，音效則增加廣播廣告的表現效果和加深印象的衝激效果。

1. 廣播廣告之類型

(1) 叫賣式

　　比較傳統的廣播廣告形式直接清楚的向消費者說明銷售內容做訴求。

■廣告案名：家樂福‧天天都便宜

女聲：慶讚中元，怎麼買都划算，多力多滋15元、秋刀魚每臺斤18元、可口可樂2公升裝每瓶只要27元，還有捷安特14段自動變速腳踏車2,999元、View Sonic 17吋LCD螢幕只要6,990元，走一趟家樂福，荷包精省最幸福。

童聲：天天都便宜，就是家樂福。

(2) 問答式

由聲音演員用問答的方式將產品的優點、訴求描述出來，較爲常見的是兩人之間的對話或是綜藝節目的搶答遊戲：

■廣告案名：大眾廣播KISS RADIO第40屆廣播金鐘獎得獎作品
　　　　　──晶晶幼稚園

小朋友：媽媽偏心啦～只愛哥哥，什麼東西都是最後才給我…
大姐姐：不是啊～你看去吃大餐～你最喜歡的甜點～什麼時候才
　　　　給你呀？
小朋友：最後才給！
大姐姐：還有啊，抽獎的時候，大獎都什麼時候才抽啊？
小朋友：最後～最後～
大姐姐：那就對啦！最後拿到的～都比較好呀！
小朋友：可是我跑步跑最後一個，為什麼老師還是對我搖搖頭…
（過場音樂、音效）
男：你的小寶貝也會「舉一反三」嗎？
女：晶晶幼稚園～
男：啓發潛力，發展創意
女：幼兒美語，資優數學
男：蒙特梭利，全套教學，
女：讓小朋友～手腳、頭腦都敏捷！
合Slogan：歡樂學園，晶晶幼稚園。

透過孩子天眞無邪、舉一反三的童言童語，引導出晶晶幼稚園重視精神教育、運用感官教具，啓發孩子的好奇心與興趣的教學模式。廣告從俏皮的音樂和音效中，帶出可能曾經發生在你我生活中的「童言童語」小故事，藉以強調幼兒教育，的確是每位父母親急需

正視的首要任務。廣播廣告題材的新出路,一開頭的問題即讓人陷入思考空間,廣告藉由小朋友的童言童語開始,展現他們敏感又聰明的一面,尤其當大人試圖對孩子舉例「最後獲得的東西,都比較好」的觀念時,孩子卻馬上提出了一個「最後不見得比較好」的問題──當他跑步跑最後一個的時候……。雖然這位機靈的孩子,以一句話就顛覆了大人的思考邏輯,但顯然這個孩子在體能上,還需要更進一步的培養和訓練,因此也點出了幼稚園,在幼兒教育上對於發展兒童思考與體能訓練並重的特色。因此,為了讓孩子們不輸在起跑點,擁有超大學園空間,就是爸媽的最佳選擇了。而你的答案可能就你認知的部分來加以回答,像是廣告中的小朋友表現。當大姐姐解答所謂正確答案的時候,或許你會跟著會心一笑,恍然大悟原來可以有這樣的解法,廣告在輕鬆的氣氛當中傳答了趣味的理念,企業形象或認同感就不像制式的那麼距離遙遠,更能在短時間內進入消費者的意識中。

(3) 旁白式

利用聲音演員的口述來表達產品,再加以背景的情境音樂來營造整體氣氛,不管是獨白、二人還是多人;直述或聯想都好,往往只要在設計上抓住要點,就能讓創意從眾多廣告中脫穎而出:

■廣告案名:兒童安全座椅公益宣導

男聲:荷,如果說到我老大,不是我在臭蓋的啦,什麼都要別人幫他準備的好好,就像是半夜如果肚子餓了,東西如果不是熱的他還不吃;平時洗澡熱水就要放滿,不然他不會放過你的;連出門,他專用的位子都要準備的合宜舒適,這事情可是一點都不能馬虎的,不然……會發生什麼事情,我可是不知道……(音樂停)

女聲:老公,好了沒有,弟弟的運動會快要來不及了啦(可愛音

樂起）

男聲：對喔，老大要坐車了……心肝寶貝，爸爸來囉！

童聲：親愛的爹地媽咪，出門時別忘了我專用的兒童安全座椅
　　　喔！

(4) 劇情式

　　類似戲劇方式的聲音劇方式呈現一個場景，利用劇情的進行帶領
聽眾用聽覺感受出對產品的認識與認同，舉例如下：

■廣告案名：心涼青草茶

警報：Danger，Danger

男聲：ㄟ，根據秘書氣象局剛剛發布資料顯示，這個月第27次總
　　　經理颱風正以3步併2步的速度朝西北西方向前進，不到1
　　　分鐘就會侵襲企劃部跟業務部，由於受到業務量下滑還有
　　　部門績效銳減的影響，不排除颱風有從中度颱風轉為強烈
　　　颱風的可能性……

眾聲：怎麼辦…怎麼辦…

男聲：與其挫著等，先喝這一罐（開罐聲＋暢飲）

老總：上班不上班，都圍在那裡幹什麼……（兇惡口氣＋獅吼音
　　　效）

（話風一轉）喝好喝的不會給總經理來一杯喔……

男聲：再大的風暴都不怕，心涼青草茶！

　　在例子中，創作者請聲音演員呈現一般辦公室上班族畏懼頂頭上
司巡視的心態，更巧妙的將老總比喻成颱風中心，再用颱風警報的方
式營造令人緊張的氣息。或許戲劇的張力讓人冷汗急冒，不過最後主

管的情緒轉變由先前嚴厲到最後的親切，在青草茶退火及平易近人觀感中，產品形象的認知與認同相輔相成，聽者不難見證到劇情式廣告的特別功效。

(5) 音樂式

把品牌置入歌曲中製作一首琅琅上口的音樂廣告，使消費者對其廣告印象深刻，例如：「綠油精」的廣告主題曲膾炙人口，和張學友替福特汽車公司廣告所唱的「你愛她」的廣告歌曲頗受大眾矚目。

(6) 音效式

利用人聲或大自然的聲音來引起消費者注意或顯示出產品的特點。 註14

■廣告案名：交通安全燈燈燈燈篇

音效：暮鼓晨鐘、梵樂

旁白：廟裡的光明燈，100

音效：音樂盒

旁白：KITTY貓小夜燈，299

音效：蚊子飛舞、被擊斃

旁白：強效補蚊燈，499

音效：急速行駛、哨音、緊急煞車聲

旁白：闖紅燈，1800到5400

音樂起

旁白：高雄市道安會提醒你，事事皆可達、守法最重要

此則廣告中以不同的音效來營造不同的情境，旁白的出現看似給每一段音效更正當性的註解，在堆疊出的「燈」「燈」「燈」

「燈」的情境裡,將闖紅燈的代價當成是一種可以選擇的結果,有錢也不要買的訴求,反向的讓人認同守法的重要(資料來源:Kiss聯播網提供)。

2. 增加廣播廣告印象的方法

(1) 白話

廣告內容就像人們日常生活中的對話一樣。

(2) 強調產品名稱

廣播訊息瞬間即逝,為了加深產品的名稱在消費者的腦海裡,必須把產品名稱講出來。

(3) 短句子

內容用短的句子表達比較容易讓人接受,一長串的話會讓聽眾有窒息的感覺。

(4) 重複主要訊息

一再強調主要的觀念和廣告主題,以加深聽眾印象。

(5) 發揮想像力

看廣告與聽廣告有不同的意境,聽廣告讓聽眾對廣播廣告發揮最大的想像空間。

(6) 善用音效

配合主題與環境的音效,能增強廣告的印象效果。 註15

第六節　節目主持與播音

　　廣播電臺是提供節目與資訊服務聽眾，主要是透過播音員和主持人透過聲音向聽眾傳達電臺的訊息，因此播音員和主持人的水準影響了服務內容的品質，其必要的條件與要求，茲分述如下。

一、播音員與主持人的條件

　　電臺利用聲音來傳遞訊息，好像只要會講話或發音就可以擔任這項工作，其實不然。基本上要做電臺播音員或節目主持人還要必備一些條件。

1. 音質

　　是指個人先天的音質、音色和音調。有人天生一副美好的嗓音，讓人聽起來順耳。有人音調太過尖銳或沈悶比較不受歡迎，最好是明亮，寬厚。

2. 敬業精神

　　從事播音與主持工作常常一個人獨自關在播音室，如沒有敬業精神和熱愛廣播工作的興趣是無法做好節目。

3. 音樂知識

　　廣播節目離不開音樂，因此對於各類型音樂、曲調、節奏樂理要能瞭解，在選用音樂時才能配合節目的基調。

4. 人文素養

廣播的節目內容與聽眾的生活息息相關，涉及各個領域，因此要具備人文素養知識，才能在節目的創作上有豐富的內涵。

5. 表達能力

播音員與主持人除了要嫻熟廣播的控音技術外，要把節目內容利用聲音轉化，聲情並茂，流暢自如，增加節目的親和力、吸引聽眾參與節目，因此節目組織要有邏輯性，發音要口齒清晰。

6. 隨機應變

節目時間的控制或節目出現始料未及的狀況，都必須依賴播音員和主持人隨機應變處理，避免尷尬的氣氛和影響節目的流程。這些能力有賴於個人的工作經驗和人生閱歷培養。

二、播音員的職責

電臺播音員主要的職責是擔任不同節目內容的播音工作，換言之，透過其聲音忠實傳達節目的內容。其任務是依電臺的規劃準時播放節目，播報臺呼和插播廣告。遇有緊急突發重大事項處理播報內容。節目主持人有事無法準時上節目，也要先行代班。

以下是廣播播音的基本原則：

1. 播音速度

正常播音速度是1秒3個字，但因各類型節目性質不同速度要求不一，像新聞性節目強調立即性，每秒是4至5個字之間，原則上以聽眾能聽懂為原則。

2. 重點的表現

在播音和主持節目時，不是每個詞句都是平舖直敘，同樣一個句子，句中重音的位置不同，表達的涵意就有差異。重音，是句子裡的重要地方，在表達時，特意給予強調。重音的表達方式有三種手法：一是延長字音，二是提高音調，三是提高音量。另外一種方式是重複播報要強調的訊息，或用「新聞快報」、「新聞焦點」吸引聽眾的注意。而「停頓」也是引起注意的有效方法，在需要強調的子句之前有所停頓，就能達到強調的目的。

3. 節目內容與段落的銜接

廣播節目中內容的各單元必須作適當的轉移，聽眾才會有段落之間的區別，和避免有唐突的感覺，常使用下列方法：

(1)「提示」法

播音員用語的方式表達；如「本臺消息」、「另一則」或順序法「第一，第二，第三，接下來……」等等，作為分隔兩段的方式。

(2)「停頓法」

在說話或播音時，停頓能夠表現出內容之間的區分，停頓一下，聽眾自然會區別前後之間的關係。

(3)「交換播報法」

兩名主持人共同主持時，可以向對方提出一些要求；互相插話，或將對方要說的內容鋪陳；互相提問；互相打趣，引起談話的興趣。

(4)「音樂轉移法」

可利用淡入與淡出，或過橋音樂，從一段內容轉移至另一段內容。

4. 感情的融入

播音員雖然照著節目內容播音，但不只是唸出聲音，還必須根據節目的性質把感情投入，沒有感情的聲音是無法引起反應。主持人與聽眾進行交談時離不開心理、情感上的溝通與認同尋找與聽眾共同感興趣的話題，眞實自然情感的投入，加強雙向交流，拉近與聽眾的距離。

三、節目主持人的任務

電臺節目主持人參與節目策劃和運作，是節目的靈魂人物。主要的任務是替聽眾服務，吸引聽眾對節目的注意與興趣，掌控整個節目的進程和營造節目的氣氛，除了建立個人風格外，還要表現節目的特色，並賦予節目魅力，滿足聽眾對節目的心理期待。

有關節目主持人的風格，在現實生活中每個人都有自己對生活的處理方式，節目主持也不例外，各類型節目主持人也應有自己的風格。主持人在主持節目過程中，有其鮮明的個性，獨特的風格，知識的專業素養，音色和發音速度等都能展現特有的風格。

1. 個性

每個人都有自己的個性，有的是急躁，有的是穩重，有的是快人快語等等。主持人必須瞭解自己的個性，以適應不同節目的性質，讓自己的個性從節目中展現出來。

2. 風格

主持人要以真實的自我展示出來，其中包括節目的創意與構思，題材的選擇，內容的深度，主持人以真實的態度和觀眾面對面溝通，因真實；情感自然在主持節目過程中流露出來，樹立自己獨特的風格。

3. 專業知識

不同類型的節目，聽眾需求也不一樣，主持人除了必需有淵博的知識、較強的語言表達能力和應變能力，對節目的知識要充分瞭解與熟悉。每個人知識和能力不一樣，主持的表現和表達方式各有差異。無論是解答問題，還是討論問題，發表意見，主持人要曉之以理，動之以情，避免節目內容簡單化、庸俗化，通過主持人的素養提高節目的格調和水準。

4. 音色

每個人都有自己的音色，主持人應該瞭解自己獨特的音色，在發音時表現出與眾不同的音色形成各自的風格。

5. 語言特性

每個人都有自己使用語言的習慣與速度，主持人對內容用字遣詞的選擇大幅反應了自己的形象個性，有的人生動活潑，有的淺顯易懂，有的人則具有文學修養。講話速度受到性格的支配也反應在語言的節奏感，每個主持人也可創造自己獨特的語言節奏感來塑造自我聲音的形象。

6. 幽默

主持人在節目中表現出適當的幽默，能有效營造節目的氣氛和吸引聽眾的參與，達到有效的雙向溝通。

 註　釋

註釋1：黃新生等（1988），《廣播與電視》，臺北：國立空中大學。

註釋2：孟建，祁林（1999），《廣播電視新聞寫作》，北京中國廣播電視出版社，頁50。

註釋3：同前註，頁51。

註釋4：同前註，頁53。

註釋5：李茂政（1991），《當代新聞學》，臺北：正中書局，頁165-169。

註釋6：同註1，頁180。

註釋7：同註3，頁111。

註釋8：同註3，頁112。

註釋9：同註2，頁53。

註釋10：同註3，頁112-113。

註釋11：同註1，頁180。

註釋12：Lew: S B. O'Donnell (1993)　*Modern Radio Production.* California: wadsworth publish Company pp.187-188。

註釋13：同註1，頁192。

註釋14：梁芳玉（1991），《廣播廣告知多少》，臺北：廣告雜誌，頁61。

註釋15：洪賢智（2002），《廣播電視廣告製作與創意》，臺北：五南圖書出版公司，頁38-39。

第 **7** 章

播音室與控制室

播音室的好壞往往決定廣播所製作出的品質，因此在建蓋錄播音室時，要瞭解播音室的設備與結構，是否符合隔音與迴響的作用，才能保證廣播所需的品質能達到一定的水準。

<h1>第一節　錄音室</h1>

　　聲音是藉由空氣傳遞音波，是以直線方向前進，但環境的改變和隔音材料不同，會造成收音品質的落差。播音室在結構上隔音效果就非常講究。在入口的門加厚以凸出的海綿材質防止外面雜音滲入。室內地板下用鋼絲彈簧、吸音板、炭渣塊置於其間以空氣層音隔，都為防止雜音滲入而影響聲音的品質（圖7-1、7-2）。因此在執行錄音作業有關音響問題必須注意包括以下幾項：

一、反射問題

　　由於音波遇到阻礙會產生反射現象即所謂的迴響，影響的因素包括聲波遇阻礙物的回音與餘韻，以及迴響的時間與距離，其餘音過長或太小都會影響聲音的清晰度，一般迴響時間約在0.3至0.8秒之間。音樂性節目，迴聲較長可創造空間感，談話性、新聞性節目要短，避

圖7-1

圖7-2

免聲音不清楚。為了避免此種情況，可改變隔音材質，有一半左右牆壁使用可移動之光滑回音木板控制回音，木板前裝活動厚絨布簾，可拉開拉緊調節回音情況；或利用混音器內的混音控制裝置再加以調整。

混音座的錄音訊號處理器功能有：

1. 噪音衰減系統：錄音時對聲音訊號產生壓縮，還原時再做訊號互補的擴展，頻率範圍分三波段：錄音將預先擴大每一波段度數，使音訊高過雜音，放音時再回原來度數。

2. 聲音濾波器：除掉整段頻率。尖細雜音按濾高，低沉聲按濾低，節目製作可變化音色功能。

3. 頻率等化器：調整高低音音頻變化，增加或降低頻率範圍。使錄音帶時間加長，先壓縮錄音，放音時再予延伸。可降低雜音，雜音都為高音，錄音時等化強調高音，使訊號中高音加以壓制雜音，放音時將高音減弱為原來音源標準。

二、吸音問題

錄音室的牆壁或硬的材質木板會造成聲音反射過度，吸音不佳，無法收到清晰的聲音。一般的錄音室為了適當收音，大多使用蔗泥板或吸音棉外加不織布以減少反射使聲音在短時間內趨於寂靜狀態，才不會造成聲音在空間交錯及聲音過度迴響的情況。反之，如環境過度的吸音，聲音中的高音較易被吸收，有此現象可藉頻率等化器加以補救。

三、音量的控制

一般錄音室結構避免四方形，避免聲音過度反射。空間的長度應為聲音全波波長的兩倍，因為從音響學的原理，音波的波長若為某一空間的兩倍，此空間中的某地點聽起來會失去低音。所以在空間較小的錄音室錄音，音量過大會造成迴音，補救的辦法只有減低音量或加

大吸音效果。

　　根據美國無線工程手冊，播音室的規格，其高、寬、長有一定比例的規定。

1. 播音用　　　　　　　　1：1.25：110'12.5'16'。
2. 一般節目製作用　　　　1：1.60：2.510'16'25'。
3. 長方形　　　　　　　　1：1.25：3.210'12.5'32'。
4. 天花板較低者　　　　　1：2.50：3.210'25'32'。註1

第二節　控制室

　　控制室（Control room）位在播音室的隔壁，中間有雙層厚玻璃窗相隔，底部是斜角切入防止聲音過度反射，下面放置吸音材質，故聲音無法進來。裡面有導播或工程人員，用手勢指導工作人員操作混音器安排音軌，提高或降低音調，示意節目的開始或停止。不過，最近的廣播趨勢，有走上播音人員自控、自播與自錄的現象，節省人力和提高製作效率（圖7-3）。

圖7-3

一、混音鍵盤

在廣播節目製作過程中，第一個所必須接觸的工具就是混音鍵盤，它包含不同的開關裝置、控制鈕和儀表板，大大小小的旋鈕不下數十個，因此我們必須認清混音鍵盤功能（圖7-4、7-5）。

圖7-4

圖7-5

1. 混音鍵盤的功能

混音鍵盤主要功能包括擴音、配軌以及混合成音訊號，所謂成音訊號是將原音複製傳遞出去的電訊。擴音是製作人可以利用混音鍵盤操作不同來源訊號的音量並提高到可用的水準。配軌是製作人操作鍵盤來控制各軌訊號的開或關，同時在不播出的狀況下監聽播放的聲源。混音是鍵盤上的每一道音路，均可以個別地調整其音色、音質及音量，再將這些聲音混合成為左右兩聲道，再錄進錄音機。除此之外，混音鍵盤還具有各種輸入和輸出聲道，提供連接各種樣式的效果機使用，並將聲音送到監聽喇叭系統。

2. 混音座的構造

接下來，讓我們來瞭解混音座的構造。

(1) 前級放大器

前級放大器最主要的作用，便是將訊號微弱的音源，增強到可用的水準。通常使用於平衡音量的大小、平衡音頻的高低以及平衡阻抗的差異。同時具有音源分波放大電路的功能，是對各功率放大器所輸入的訊號採用分別各自放大的音頻範圍。

(2) 電位器

在混音座口電位器是控制音量大小的旋鈕，往右方向轉時，音量會漸漸提高，往左方向音量降低。現代的鍵盤則採用直條的推把樣式，往上推音量可提高，往下推音量漸小，其主要功能是讓製作人員來調變音量大小。

(3) 音量單位指示表

音量單位指示表又叫「音量表」，是藉由電錶的偵測將聲音的大小由儀表板上所指示的刻度視覺化呈現。控機人員藉著音量表上的刻度來控制調整音量大小。

如何看懂音量表？首先，在音量表刻度的上下，我們可以發現各有一排數字。上排的「0」是代表標準音量的參考位置。如果指針往右「＋」的方向打，進入了紅色標記區時，代表音量過大，如果指針一直往紅色標記區上升，則聲音就可能會失真，因此需要將音量調低一點（圖7-6）。

相對地，當指針往左「－」的方向打，則表示聲音訊號的強度偏低，這時候可能會有雜音出現，而當訊號太弱，則雜音便會聽得很清楚。如果指針往同一方向滑落，位置停在「10」與「20」之間時，便應驗廣播術語的所謂「掉入泥沼」（in the mud）了。因此，需將音量調大，以避免雜音的出現。

圖7-6

　　以上說的是音量表刻度「上排」的情形，接下來談刻度表的「下排」，其百分比乃代表「調變度」。所謂「調變」是指音源轉變成廣播訊號的軌跡，同時「調變」也是指測量電壓經由混音鍵盤到發射機或錄音機的百分比，其中「100%」表示最大可能允許的電壓。

　　如果您仔細看的話，便會發現「0」與「100%」刻度的位置相同。不論哪一種刻度，都是代表聲音的理想位置，因此，當您在控制聲音大小時，切記要注意音量表上指針浮動的情形。正常的情況是，儘量讓指針停留在「0」和「100%」的刻度上，偶爾指針打入紅色標記區，是沒有什麼關係。一般的標準說話是介於60%～80%之間，音樂歌唱40%～60%之間，背景音樂是在10%～20%之間。　註2

(4) 監聽器

　　這是幫助控機人員瞭解節目進行的情況，不但可以讓你監聽正在錄播的聲音，同時也可以監聽其他音軌的聲音。

(5) 多重輸入軌道

一架專業用的混音鍵盤，通常都擁有十六軌以上的多重輸入軌道（Multiple input channel）。這些軌道可連接麥克風、盤式錄放音機、CD雷射唱盤等多種音源，以應付錄製節目所需。

在錄製廣播節目時，多重輸入軌道，可以節省單一軌道繁複輸入音源的許多麻煩，您只要將所需的音源訊號打開，立即可將聲音輸入到正在錄製的節目裡面。

(6) 試聽軌道

試聽軌道可讓你在不播出的狀況下，試聽來自CD、錄音帶或其他音源的聲音，它是將訊號由音源導至在控制室中的監聽喇叭。還有一個功能是控機人員可在播出一張CD同時，利用試聽軌道來製作一則廣告。

(7) 扣軌道

扣軌道和試聽軌道有相同的作用，可以在不播出的狀況下讓控機人員聽到某一聲源的聲音，並利用扣軌找到音樂起點，當節目要播放時，按下播放鍵，同時把電位器朝順時鐘方向轉到適當的音量位置，便告完成。

(8) 擴大器

在訊號離開混音座之前，還要經過擴大器把訊號放大，才能輸出，這是混音鍵盤訊號輸出前的最後一個步驟，作用在穩定音源訊號。 註3

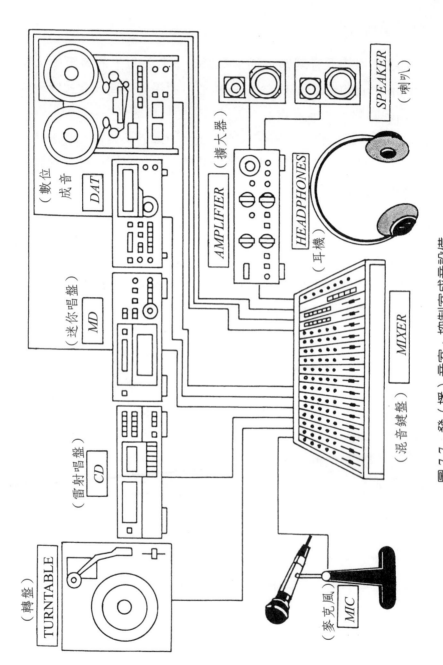

圖 7-7　發（播）音室、控制室成音設備

資料來源：世新廣播電臺、陳海德工程師、羅世博同學。

第三節　廣播製作術語

作為廣播人員對於一些相關的廣播製作術語也要有一些認識。茲介紹如下：

1. 背景音樂（襯底音）

音樂的一種形式，在節目主題聲音後面播放的音樂，避免廣播節目的聲音太單調，注意其音量不能超過主題聲音。

2. 標幟音樂

廣播節目的頭尾音樂，代表節目的音樂，聽眾一聽就知道是哪個電臺節目。

3. 過橋音樂

銜接兩節目過程用的音樂，換言之，具有連接兩場之作用。

4. 聲隔

交換音源，利用聲音來區隔場次，必須很明確分開。

5. 主題音樂

用音樂來詮釋劇中主要人物的心境。

6. 品牌音樂

特別為廣告產品品牌設計的音樂，都置於廣告將結束的尾端，加深消費者對產品品牌的印象。

7. 淡入

廣播節目製作時，音樂慢慢的進入，表示節目開始進行。

8. 淡出

廣播節目製作時，音樂慢慢的退出，表示節目即將結束。

9. 交漸音

淡入和淡出重疊一兩秒鐘，即一首音樂漸漸消失，另一首音樂漸漸進入。

10. 回聲

反射一次的聲音稱回音，反射二次以上聲音稱回響。

第四節　成音控制

錄製成音時，下列幾點必須要注意：

一、避免雜音

使用任何錄音器材，在剛開始都會有些雜音出現，其控制的方法是，先降低其音量以避免可能出現的雜音，等雜音消失再加大音量。

二、熟悉控音技巧

錄成音時，需要配合節目性質環境調整音量大小，其操控方式如下：

1. 音量的掌控：音量的調整以淡入漸強或淡出漸弱的方式，而

不要突然的加大或變小聲音，會予聽眾突兀的感覺。

2. 配合節目的本質：依節目內容的需求，加以配合節奏感及旋律來調整音量大小。

3. 適當的使用襯底音樂、背景音樂、交漸音，其音量以不超過主題音為原則，發揮襯托的作用，以免反客為主。

第五節　音　效

　　一般人聽到音效自然就想到音響效果或音樂效果。音效的意義有廣義的音效包括了音樂、聲音、效果、對白；狹義的音效僅指聲音的效果。由於廣播缺乏畫面的輔助，因此聲音的表現更加重要，而音效在廣播製作上是非常重要的工具，其功能可加強情緒與氣氛或動作和環境的描述。大大增加廣播節目的衝擊力量。而音響效果有下列的功能：

一、描述動作

　　廣播節目內容要表示演員的動作或場景時，例如：開門關門聲或汽車相撞，都可利用聲音來說明或加強動作，但必須注意動作開始音響就要出現、動作結束音響效果也跟著結束。

二、表示環境位置

　　藉著音效表示特定的環境和場所，讓聽眾一聽到聲音就知道環境位置的所在地而要使聽眾感覺有真實感，也可運用現場音樂。例如：海浪的拍岸聲、十字路口的車水馬龍聲音。

三、烘托情緒氣氛

　　音樂可以加強情緒的發抒和氣氛的塑造，表達劇中人物的淒涼情境或悲傷的情緒時，可用節奏慢或低調的音樂作背景，而歡樂的場面就必須利用快節奏的音樂。在使用情緒音樂時的基本原則是音樂必須和主角的情緒起落一致，才能感動聽眾和心理而引起反應。

四、時間的提示

　　某些聲音本身已具備提示時間的作用。例如：夜間的蛙鼓蟲鳴、清晨的雞鳴鳥叫，這些效果音樂常被用來表現場景的正確時間和時間的流逝與轉變，使聽眾對內容的描述具有時空感。

五、情境的創造

　　這類的音響效果是利用大眾所認同的環境而創造出來的效果，如飛碟臺呼或電影人物遨遊外太空宇宙時所創造的科幻音響效果，引起聽眾對非真實的情境的想像的空間。

六、蒙太奇的效果

　　廣播也可利用影像的蒙太奇手法來創造場次和情節的組合方式。藉著音樂把原本兩個不關聯的場景銜接在一起，類似影像的轉場作用一樣。如聽到槍炮聲音，接著是勝利慶祝的歡笑聲，利用高速度的變化以前的場景，代表經過了一段時間給聽眾對內容的提示，而瞭解場景的更迭和情節的組合。 註4

註　釋

註釋1：莊克仁（1996）《廣播節目製作與企劃》，臺北：五南圖書出版公司，頁207。

註釋2：朱全斌譯（1989）《現代廣播製作學》，臺北：正中書局，頁18。

註釋3：同註2，頁20。

註釋4：洪賢智（2002）《廣播電視廣告製作與創意》，臺北：五南圖書出版公司，頁16-18。

第 **8** 章

成音設備

第一節　錄音機

　　錄音機是錄、播音室中不可或缺的設備，磁帶經過錄音機頭時在磁帶上產生磁性的變化，錄下聲音的訊號，等到以後要放音時，再將磁帶上的磁性訊號，在放音頭中誘發出訊號電壓來。

　　初學廣播節目製作的人，要對錄音機有所瞭解，則首先要認識錄音機的「三頭」，即消音頭、錄音頭及放音頭（圖8-1）。

一、三磁頭磁化作用

　　錄音機的三磁頭，便是利用磁鐵同性相斥、異性相吸的特性，來完成各自的工作。就外表構造來看，這三個磁頭似乎沒有什麼差別，但卻因電流的大小，而產生不同作用的磁化現象。現在，僅就這三個磁頭，依著由左向右的順序，說明其磁化作用。

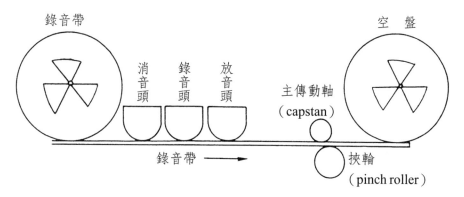

圖 8-1　錄音機的基本三頭

資料來源：唐林編著，《電視音效與實務》，1992 年 10 月增訂版，臺北，中視
　　　　　文化事業股份有限公司出版。

1. 消音頭（Erase head）

經由磁化作用，將原來存留在磁帶的聲音記號消除，故又可稱之為「擦」聲音，即將原來磁帶中的聲音記號擦去之意，成為完全「乾淨」或「空白」，以便利下個錄音頭的工作。

2. 錄音頭（Recording head）

經過磁化作用將聲音記號記錄在磁帶上，故又可稱之為「印」聲音，即將聲音記號「印」在磁帶上之意。

3. 放音頭（Play head）

經磁化作用將聲音記號表示出聲音來，故又可稱之為「譯」聲音，即翻譯聲波記號之意。

二、錄音機的構造

錄音機的構造，包括以下六個部分：

1. 一個磁帶轉動機

其功能為推動磁帶盤，使磁帶從供輸盤經磁頭到提帶盤上，而磁帶經過磁帶頭時，則靠一對相切的輪子——主傳動軸（Capstan），來維持其行徑的一定速度。

2. 一個變速鈕或開關

開關經常可以放在四個不同位置上，即：(1)錄音（Record）；(2)播放（Play）；(3)快轉（Fast forward）；(4)倒退（Reverse）。

3. 三個磁帶頭

即前述的消音頭、錄音頭及放音頭。

4. 一個錄音放大器

其最大功用即是將所要錄的聲音電流放大後，送進錄音頭，使磁帶經過錄音頭時，便可把聲音錄上磁帶，形成錄音帶。

5. 一個放音擴大器

即把原來已經錄在磁帶上的聲音，經過放音頭，變成電流並放大後，向提帶盤提供。

6. 一個消音振盪器

其作用即是將振盪流送至消音頭上，當錄音帶經過消音頭時，聲音便立即被消除。 註1

三、錄音的速度與音軌種類

錄音帶在錄音機內走動時，均以適當的張力和一定的速度與磁頭接觸，如此即能產生錄、放及消音的效果。磁性錄音機速度的計算單位有兩種，一為cm/sec（公分／秒），另一則為inch/sec（吋／秒），在使用時應注意不可將cm/sec與inch/sec的數字混合使用。一般錄音機上的速度指示，大多採用英寸。以下僅就各種速度的特性加以說明。

表 8-1

種類	使用單位		用　　　途
	cm/sec	inch/sec	
a	4.75	$1\frac{7}{8}$	多為卡式錄音機使用，由於速度太慢，錄音效果不好，所以專業廣播節目都不採用。
b	9.5	$3\frac{3}{4}$	為舊式盤式機採用，由於速度太慢，所以專業亦很少採用；比較適用於電臺的有聲資料（限說話性節目使用）的蒐集。
c	19	$7\frac{1}{2}$	多為 AM 電臺及電視臺所採用，這種速度也是目前盤式匣式機使用最為普遍的一種。
d	38	15	FM 電臺、電影公司的配音所採用一這類速度在音質方面來說是非常優美的，因此適用於音樂節目。
e	76	30	多為製作專業特殊效果用的，唱片公司的製造廠錄製原聲帶時採用。

資料來源：蒙京溥，《廣播電視錄音概論》，臺北，文化大學。

　　從表8-1得知，錄音時使用的速度會影響到錄音品質的好壞，基本上錄音速度愈快，品質愈好。因為速度愈快，較高頻率的聲音才能充分表現出來，所以製作音樂性節目或是發行光碟唱片，就採較快速度為宜，另外，由於速度愈快，磁帶走動的距離也愈大，便於剪輯也是另一優點，錄音機的音軌，大致可分為全軌（Full track）、半軌（Two track）、多軌（Multi track）三種（圖8-2），如以聲音的呈現方式又可分為單音及立體兩類。所謂的全軌乃當磁帶經過各錄放音頭時，磁頭空隙處所產生的磁場範圍占滿整個磁頭的部位，因此磁帶感應的寬度幾乎與磁頭同寬。另外，半軌的型式乃當磁帶經過磁頭時，磁頭空隙處所產生磁場範圍正好是磁頭的一半，因此磁帶感應的寬度也為磁帶的一半。多軌的方式，是當磁帶經過磁頭時，磁頭空隙處所產生的磁場範圍占磁頭的一小部分，所以可以進行多軌錄音的方式。註2

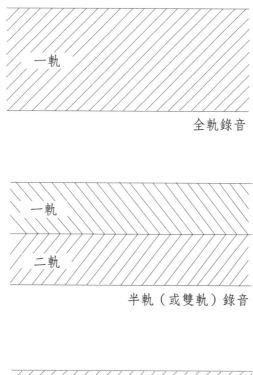

全軌錄音

半軌（或雙軌）錄音

四分軌錄音

圖 8-2

　　上述的錄音材料是以類比的方式呈現。目前在錄音材料上亦有採用數位化方式的記錄，在音質的表現上就有很大的不同。類比方式在重複錄音後訊號衰減，還會附帶一些雜音；數化位音響的優點是失真小，排除了雜音的干擾，在聲音的傳真度和頻率的清晰度都大幅提高，且免於因機械或傳動方式所產生的搖晃和抖動問題。

第二節　錄音材料的結構與種類

　　錄音材料是廣播節目儲存聲音訊號的主要工具，隨著工業的進步，錄音材料區分許多不同的型式和種類，有類比及數位與磁帶及磁碟等，但是其基本記錄訊號的功能無太大的差異。

　　一般的聲音訊號之所以能儲存於錄音帶上，主要是依靠錄音帶上磁化物質，藉由錄音頭在錄音時磁化的動作記錄聲音。錄音帶的結構底層是基帶，其材質必須具備足夠的韌度、柔軟、平滑不變形和不易斷裂的條件，大都以醋酸維素或是聚脂維素為基帶。上面塗有磁性之金屬粉粒，大部分磁粉成分為氧化鐵磁粉之成分及粒子，必須仔細調勻，分佈平均。錄音帶上面有一層氧化鐵看起較晦暗，另一面則較光亮，在剪接時要把膠帶貼在光亮面上，才不會影響音質。

　　接下來介紹前述三種最常見的錄音磁帶：

一、盤式帶（Open reel tape）

　　這種磁帶型式多為專業機構所採用，且操作方式較為複雜，但由於帶身寬、磁頭大，所以聲音效果較好，亦便於剪接。在電臺中使用最普遍的是1/4吋寬的帶子，惟使用時間的不同情況，需要不同尺寸的帶盤，最常用的三種帶盤是5吋、$7\frac{1}{2}$吋以及$\frac{1}{2}$吋。

　　基本上，錄音帶是由左邊的帶盤送至右邊的帶盤，左邊叫供輸盤，右邊稱提帶盤。當磁帶由供輸盤送至提帶盤時，它會經過磁頭部分音訊會進入磁帶由磁帶中送出來（圖8-3）。

二、卡式帶（Compact cassette tape）

　　這種磁帶是放在一個長方型密閉式的塑膠盒內，裡面有兩個輪

軸,此相當於盤式機的供輸盤與提帶盤。其缺點為錄音帶的寬度狹小影響了錄音的品質,其次是剪接不易。優點為輕巧方便使用,主要是提供音樂播出使用。

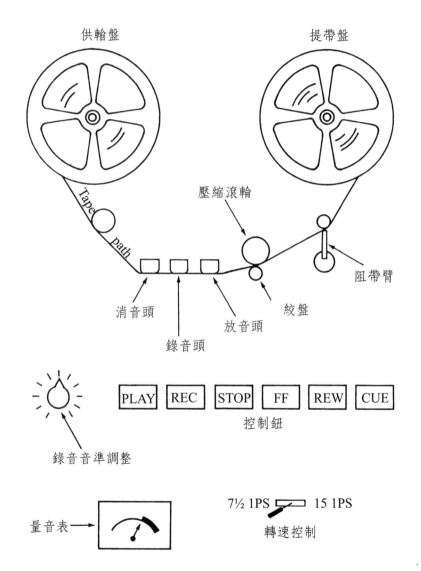

圖 8-3 磁帶在錄音機上經過的途徑

三、匣式帶（Cartridge tape）

　　匣式帶是一條不斷循環的磁帶，塑膠盒內只有一個輪軸，磁帶的開頭和接尾是連在一起的。它的好處在於音樂播完一個循環後會在預設的扣點上自動停止，還能自動回到原點重新播放。廣告通常會先被錄在匣式帶上插入匣式機中，當節目中斷要進廣告時，只要按播放鈕就可以了，廣告播完後會自動停止，主持人可繼續進行節目。

第三節　監聽器材

　　一般錄音室的監聽器材有兩種，一是監聽揚聲器（Monitor speaker），即俗稱的喇叭；另外一種則是耳機（Earphone）。

一、監聽揚聲器

　　錄音室內的監聽揚聲器（喇叭），為我們人耳與播音機器溝通的唯一橋樑，也就是說，音樂必須透過揚聲器，錄音師才能藉耳朵來瞭解實際聲音究竟為何，然後再來控制混音比例、各種樂器的音色，以及排列位置等等。因此，想要瞭解監聽器材，就需先從喇叭的原理開始說起。

1. 喇叭的原理

　　喇叭的工作原理及其構造上，種類繁多，但使用最廣泛的一種，則為電動型（Dynamic type）喇叭。這一類型的喇叭原理，就是當垂直磁場的「導體」，遇到電流通過時，導體就會垂直在磁場及電流通過的方向上，受引力的作用，所以，電動型喇叭內，設計一個像環狀的磁場空間，在其空間其實乃是一個形成同性又強大的輻射狀磁場，裡面裝有音圈（Voice coil）的線圈，這就是前述的「導體」。

此一線圈係固定在振動膜上，當音源訊號通過時，也正是電流在此一線圈上通過的時刻，所以線圈就能感應到電流的流向及大小的運動，於是這時和線圈連在一起的振動膜，也就隨之振動空氣，進而輻射傳播聲音。

2. 揚聲器應具備的特性

瞭解喇叭發聲的原理之後，位於控制室的揚聲器，應具備以下的特性，才會發揮其應有的功能。

(1) 頻率響應優於45Hz～18Hz±3dB。

(2) 要有高度原音重現的特性。

(3) 解析力強，要能分辨細微的音色。

(4) 具正確定位感，不僅音向位置相同，而且各頻率音源的位置不變。

(5) 具足夠的承受傳輸功率，效率要高。

二、耳機

耳機的功用，是在供人錄製節目時，在不干擾正常節目進行播出或錄音時，用來監聽或檢聽其他音源信號之用。

專業用的耳機，是屬於封閉型耳機樣式。它是將耳罩裡裝著小型的揚聲器件，由於耳罩內是密閉的，因此戴上這類耳機時，可以不受周圍聲音的影響。

總之，封閉式耳機非常適合用來監聽或檢測聲音效果。 註3

第四節　麥克風

麥克風是製作節目、廣告時必備的工具。麥克風的基本原理與人耳相似，都是因為空氣的震動。人耳內的耳膜感受到的聲音，是由空

氣的震動所產生的音波再傳遞到腦中。麥克風利用這原理，在其內部
有一震動膜，震動膜感受到不同頻率的音波震動後，產生了不同強
度的電流，麥克風將音波轉變成電能，再儲存在磁帶上再轉變成磁
能。換言之，是一種能量轉換器，將聲能轉換成電能，再用功率擴大
器將電能放大後驅動喇叭或耳機，與原來聲音沒有顯著差異。

　　由於麥克風內部構造和材料的差異對各類型麥克風的操作性和
收音品質會有所差異，因此對麥克風的構造和收音原理必須有所認
識。以下就從麥克風的幾項主要特性加以介紹：

一、影響麥克風音質的因素

1. 頻率響應

　　聲音有高低頻率，好的麥克風頻率響應範圍越寬越好，對高低頻
聲音可做適當修正，才能反應高低頻率聲音傳遞出去，因此事先瞭解
欲收聲音的頻率響應，使用適當的麥克風。

2. 傳真度

　　傳真度是在錄音階段時，麥克風將現場所收到的聲音能給予忠實
的再現，能正確反應原聲音的音波頻率。

3. 靈感度

　　指錄音時能吸收的最低音量效能。靈感度高低可以知道收音量的
大小。麥克風靈感度是所能承受的電壓或輸出功率。高靈感度能接收
最微弱訊號加以放大的效果。電容式麥克風因內裝電池，和放大電力
的裝置輸出功率高；對音源靈感度較佳。

4. 輸出阻抗

　　阻抗指回路所加之電壓與內部電流之比。聲音訊號的輸出阻

抗，必須能相互匹配，才能使聲音訊號完全進入，不致過量或質變。麥克風特性之一爲輸出阻抗，指輸出端到的交流電阻。一般來說，阻抗可分爲高、低輸出阻抗。高輸出阻抗與高輸出阻抗型麥克風在長距離使用時易受到外界電磁干擾，易收雜音，對高或低頻率反應不佳，且訊號電平均會降低。低阻抗麥克風介於50-600Ω之間，阻抗低輸出小，不易收到雜音，常爲專業使用，因輸出小必須經前期放大器，使訊號加大。假如要將低輸出阻抗型麥克風直接接到高阻抗型訊號輸入端時，必須使用阻抗匹配變壓器（Matching Transformer）將低輸出阻抗轉成高輸出阻抗，而且此變壓器越接近高阻抗型訊號輸入端愈好，高輸出阻抗型麥克風與高阻抗型訊號輸入端距離不超過20英呎，如過長則頻率之變化無法配合。低輸出阻抗型麥克風與低阻抗型訊號輸入端則較無距離上限制。

二、依方向性分類

　　麥克風方向性是指軸相內所要收錄的聲音範圍，排除了偏離軸相不必要的聲音，提升聲音品質。即麥克風收音角度對拾音功能會有所不同，及對音量產生影響。

1. 全方向性麥克風

　　無論音源來自那個方向，其聲音的音壓和靈敏度都保持一致，即爲廣角收音的麥克風，沒有方向性的區別（圖8-4）。優點是抗風力與手握噪音比單指向型好，較不會噴音，可收多目的的音源，且不易收到呼吸聲，對戶外現場音源能有整體感常用於背景音的蒐集。缺點是所有聲音都沒選擇的進入，主體與背景聲的音頻大小拉不開，在較寬廣的場地或喧鬧環境拾取主要音源較困難。在室內錄音時容易收到間接音而不宜使用。此型麥克風必須避免靠近喇叭，否則會產生「回授現象」。

　　解決辦法：

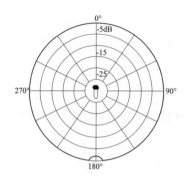

圖 8-4　全向式拾音模式

①降低擴音系統。

②用單指向型mike減少各牆面反射回饋。

③單獨擴音系統，使用多只舞臺監聽喇叭。

④盡量靠近mike講話，說話者聲音量大於擴音喇叭擴音後的音訊音量。

2. 單指向性麥克風

此型麥克風設計時以正面收音為其範圍，因具有方向性不怕環境干擾可以拾取主體人物的聲音，可避免環境的噪音和相位問題（圖8-5）。缺點是缺少臨場感，碰到讀音噴音時如「Pop」「Bob」須加

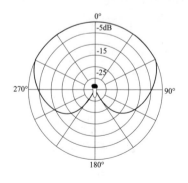

圖 8-5　心臟式麥克風拾音模式

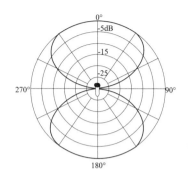

圖 8-6 雙向麥克風拾音模式

濾波器以免產生類似的聲音。當音源接近麥克風近距離約5公分時，會產生低音域感度的提昇即所謂「臨近效果」。單指向性麥克風大致可分為心型或單指向性、廣角心型指向性、超心型單指向性三種。

3. 雙指向性麥克風

又名8字型麥克風，這一類型的麥克風靈敏度最佳的範圍是在麥克風的正前方及正後方，因此，不易收錄周圍的聲音（圖8-6）。同時，由於其拾音的特性，這種麥克風最適合收錄對話的聲音。

三、依轉換方式分類

依轉換方式來分類，目前常使用的有動圈式、鋁帶式、電容式等三種麥克風。

1. 動圈式麥克風（Dynamic Microphone）

動圈式麥克風在構造上由一組小線圈連接在一片移動式的薄膜上，在薄膜下是永久的磁鐵所組成，聲音在進入麥克風後使薄膜振動，在薄膜上的線圈經由磁鐵傳至磁場，電流的強弱受到聲音的大小而改變（圖8-7）。優點是簡單耐用，使用時不須外加電力，頻率特性好，不易受到溫度或濕度的影響。缺點為此類型的麥克風對於強電

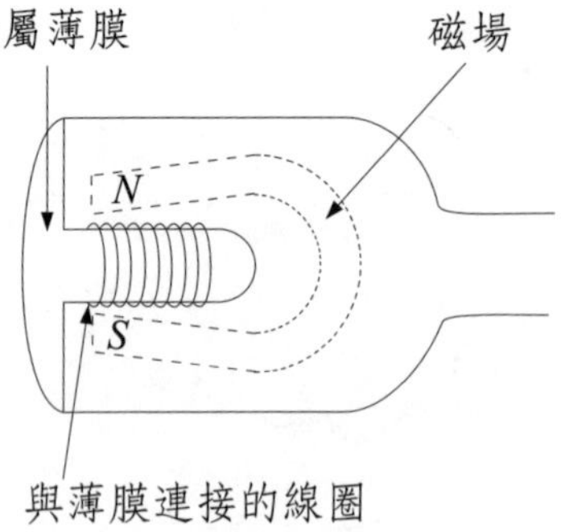
金屬薄膜
磁場
N
S
與薄膜連接的線圈

圖 8-7　動圈式麥克風構造圖

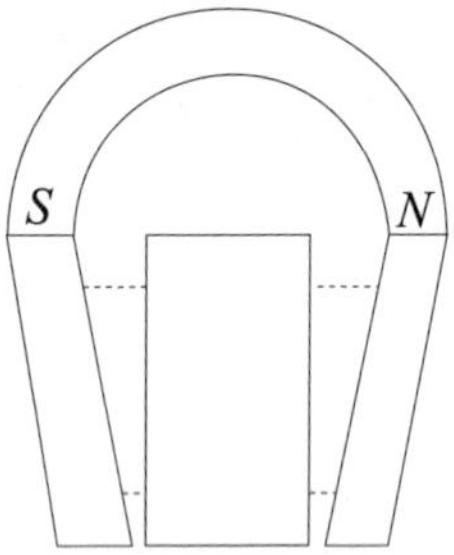
S
N

圖 8-8　鋁帶式麥克風構造圖

流或強磁場的干擾特別敏感。

2. 鋁帶式麥克風（Ribbon type Microphone）

鋁帶式麥克風又稱爲速率式麥克風（Velocity Microphone）。其原理與動圈式麥克風相同，只是以一帶狀來代替線圈（圖8-8）。在U形磁鐵間隙中懸掛著金屬帶（其功用如同音圈或薄膜），優點是傳眞度佳，音質清脆且對頻率之反應特性良好，常用於職業錄音室內。缺點爲材料脆弱，怕強風吸入塵埃和震動。

3. 電容式麥克風（Condenser Microphone）

電容式麥克風之設計是將兩片金屬的電感片在中間隔開一些距

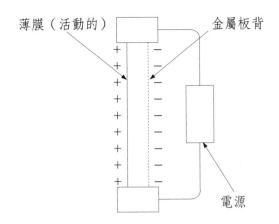

薄膜（活動的）　　　　　　　　　金屬板背

電源

圖 8-9　電容式麥克風構造圖

離，當薄膜電感片受到聲波的影響而振動時，會造成此距離的電容值改變，而這電容器的電壓改變之後，和進入的聲音成正比（圖 8-9）。優點是有比較好的頻率響應頻寬和較高的敏感度，體積小，噪音低。要內裝電池，幻影式電力供應。現代混音機的麥克風訊號輸入端大都附有幻影式電力供應切換開關，常被使用於一般專業的錄音室。缺點是對濕度較敏感，容易產生雜音。

四、無線麥克風（Wirelese Mic）

1. 無線麥克風發射方式

(1) 自生振盪式：麥克風本身增幅器所輸出的一部分電力送至輸入電源，產生電壓變化，由於增幅繼續作用使輸出訊號振幅加大，造成增幅器不安定而本身產生振盪動作。

(2) 晶體振盪方式：以晶體振盪器控制載波頻率，因頻率安定度高，頻率很少偏移，可同時使用幾支麥克風。

(3) 壓電方式又稱衰減器方式，在電路之一預定頻率中振動產生機械作用。具有頻率安定和音質佳之優點。

使用無線電麥克風要有良好的天線和發射與接收設備外、應避免

靠近高壓電所產生強磁場和機械引擎的外在環境，避免對無線電麥克風造成干擾。

五、使用麥克風的一般原則

在麥克風的使用上，必須瞭解麥克風的性能、用途和收音環境去做最適當的搭配，不論何種麥克風它的構造都非常的脆弱，所以使用時必須特別小心，不當的使用都會造成損害、產生雜訊等狀況，所以必須注意以下幾點：

1. 聲源必須在麥克風的拾音範圍內，如果聲源在麥克風拾音範圍的「死角」中，那麼再生重現後的音質，便會有聲源很遠或者是在桶子裡面發出的感覺，此種情形稱為遠離麥克風（Off-mike）。

2. 相反地，如果聲源距離麥克風太近，便容易產生咋唇音或呼吸喘息的雜音；而距離過遠，則聲音就有如自空曠之處發出，感覺虛軟無力。因此，聲源必須與麥克風調整出適當的距離，以拾取最理想的音質。

3. 在任何節目中，以使用一支麥克風為原則，避免兩支麥克風之間互相干擾。如果兩個麥克風因距離不同，而相同的聲音，其中直接和間接的音源會相互抵制或混合的現象。因為波的移動有週期性，波在振動時會經過兩個相對相位，正相位加負相位使相位構成一完整的週期。當兩種頻率相同的波能夠完全吻合稱「同相位」。換言之，兩種波的振幅相同又結合在一起使振幅加大一倍。當振幅相同的兩種波若呈現完全「相反」則稱「異相」，強度被抵銷，消除噪音的方法。

4. 一般播音人員與麥克風的距離大約一個半拳頭距離（15～20公分），與嘴形成45度角，如果是播音者為20～30公分，歌唱者為45～90公分，司儀為30～60公分。不過，這僅是概括的平均數，適當使用的距離，仍需視麥克風的性能與播音人

員等各種差異而定。

5. 播音桌上放海棉墊防止磨擦的聲音。

6. 麥克風會影響聲音的品質，在使用時就要有正確的方式。因麥克風內部振動膜很脆弱，使用時避免拍打或用口吹風測試聲音。口水容易進入磁鐵會造成潮濕生銹，最好用麥克風罩保護，並定期保養，不用時放置於海棉墊盒子和有除濕設備的防潮箱，防止磁鐵線圈生銹影響輸出時的音質。

第五節　目前採用數位錄音材料

一、CD唱片

1. 材質以碳酸酯樹脂塑膠，鍍上鋁質反光膜。

2. 不需與唱針接觸不會刮傷。

3. 用數位方式儲存，很快搜尋曲目。

二、DAT（Digital Audio Tape）：數位錄音帶

1. 採旋轉磁頭，螺旋掃瞄。

2. 和類比完全不相容，數位連續錄放音。

3. 音質接近完美。

4. 價格較高，採用金屬帶，體積僅及卡式帶之1/2。

5. 和類比不相容，因此要以低價位生產音樂軟體，普及市場，似有困難。

6. 以「SCMS連續拷貝管理系統」有利DAT普及。

7. 由於FF、RW速度很快，故120分鐘的帶子25～27秒便可快轉完畢。

8. 有直接選曲，快速搜尋的功能以Technics之新型DAT，快速搜

尋是正常速度之400倍。

9. 足可播放2小時。

三、DCC（Digital Compact Casette）：數位卡帶

1. 採線性傳動，固定磁頭。
2. 數位錄放音及類比放音。
3. 音質和CD相近。
4. 價格較合理。
5. 可和現有類比音樂軟體相結合，故市場前途較佳。
6. SCMS亦存於DCC系統之電路中，容許進行一次數位錄音。
7. 改良卡帶設計，減少磁帶被汙染的機會。
8. 播放時間90分鐘，且在自動返轉播放之際有一短暫空白時間。

四、MD（Mini Disc）：數位錄音座

1. 是一直徑6.4cm的光／磁碟片系統，全新數位化碟片媒體規格（CD 12cm）。
2. 可播放雷射光，碟片的音樂訊號外，還可使用「光磁碟片」做音樂的錄放。
3. 錄放音74分鐘（74 minus）。
4. 具有「防震記憶體」裝置，解決CD震動之缺點。
5. 電池壽命增長（MD為雷射光之角度反射，而CD為雷射光之強弱反射）。
6. 輕、薄、短小，使用方便。
7. 未來發展可以與光碟、電腦、電視等聲光系統整合。

表 8-2　DAT（R-DAT）、CD 與卡式機座之功能比較

差異類別	細　目	DAT	CD	Cassette
音質方面	1. 記錄方式 2. 頻率特性 3. 訊號雜音比 　（S/N） 4. 諧波失真 5. 聲頻軌道 　（CH）	採數位記錄方式（以 16bit） 2-22，000Hz 96dB 以上 0.002%以下 2/4	採數位記錄方式（以 16bit） 2-20，000Hz 96dB 0.002% 2	採類比方式記錄 20-16，000Hz 68dB 0.3(-20dB) 2
錄音帶方面	1. 體積單位 2. 容積比 3. 錄音時間 4. 帶質 5. 帶寬	73×54×10.5 54% 單向連續使用2 小時 金屬帶 3.81mm	120φ×1.2t 單面放音（再生）時間 74分鐘 120φ	64×102×12 100% 雙向最長時間往返共 90～120分鐘 氧化物帶 3.81mm
轉換方面	音質劣化	極少		大
取樣方面(KHz)	取樣頻率	48/44.1/42	44.1	
行走速度方面	取樣速率	8,150	外錄：200rpm 內錄：500rpm	4,075
軟體方面	軟體耗材	少	無	大
記憶容量方面 （子碼容量）	bit/s	273.4KBPS	58.8KBPS	
尋曲方面	60 分　長／秒	20		60
磁鼓速度	rpm	2000		

資料來源：蒙京溥，《廣播節目製作》，臺北，文化大學。註4

第六節　非線性剪輯

　　由於數位式訊號處理及資料壓縮技術的進步，加速了各種聲音訊號傳輸的速度及改變了訊號儲存方式，而聲音數位化的儲存及運用，特別是後製作的處理，最大的好處是，大量的音源經由統一儲存成網路中之檔案，而電腦檔案管理之功能，使得有聲資料系統化，管理成本可大幅降低。更重要的是數位化提供了一個功能強大的編輯功能，聲音的剪輯播放順序的編排都可在一個電腦螢幕上，以剪貼方式將聲音剪輯及只需輸入檔名便可完成一個節目的播放順序表。這種剪輯方式也就是目前積極推動的非線性剪輯與播出系統。

　　對廣播而言，由於對儲存空間的需求更甚於一般音樂剪輯，且廣播的運用及整個電臺系統，包括錄音、控音以及播出作業皆廣泛使用。因此目前無論大小電臺已朝數位化成音系統方向上改進。

　　目前中廣公司採用Dalet自動化播出系統，茲簡介其功能如下：

一、Recorder模組程式操作說明

　　提供完整錄音功能，可設立為Mono或Stereo二種音源儲存格式。

二、Navigator模組程式操作說明

　　主要功能用於現場的播出，可A/B雙軌交替使用，也可自動載入由Log editor預排的節目表以便播出。

三、Mix editor混音編輯器操作說明

　　功能為Mix editor為製作音源Fade-in/Fade-out與Cross-fade效果

的程式，並非爲一模組程式，它必須經由其他模組程式（Log editor 與Navigator）呼叫使用。

四、Carts模組程式操作說明

匣式音效播放程式，現場輔助播出工具之一，可提供DJ立即播放各項音效及臺呼。

五、Log editor模組程式操作說明

使用Log editor可預先編製整個完整的節目單，其中包括臺呼、片頭、歌曲、廣告……等等，直到整個時段的節目結束，節目排表完成後，可由Autoplay或Navigator在無人操作的情況下自動播出預先排定之節目。

六、Autoplay模組程式操作說明

主要使用於自動播出。Autoplay可依系統時間自動載入使用者於Log editor所預排的節目單。

七、Surfer模組程式操作說明

提供音源檔剪接功能，可分爲Surfer、Surfer4及Surfer8。
1. Surfer：僅單一音軌做音源剪接及淡入淡出的處理。
2. Surfer4：擁有四個音軌可將任意音源置於任一軌上，選擇單一或二、三、四軌同時播放，以達到混音效果，主要用於廣告配樂及特殊音樂的製作。
3. Surfer8：比Surfer4多了四軌可供剪輯使用。

八、Base browser操作說明——一般使用者

以樹狀架構顯示各項音樂類別，不僅一目瞭然而且方便使用者隨

時取用，並提供線上搜尋功能。

1. 編輯曲目資料

(1) 當使用者錄製音源檔並存檔完成，日後，如有需修改時，可直接由Base browser修改。

(2) 修改曲目資料方法有三：①直接按下工具列上的編輯鍵；②由Base browser的功能選單【Titles】→【Edit】；或③在欲修改的曲目上按下滑鼠右鍵，出現快顯功能表後選【Edit】。

(3) 曲目資料編輯共分四類：①Main；②Detail；③Attributes；④Com-ments。

2. 線上尋曲

(1) 現場節目主持人可隨時使用搜尋曲目功能，並於最短的時間內將聽眾點歌播出。

(2) 搜錄曲目方法有二：①直接按下工具列上的搜尋鈕。或②由Base Browser的功能選單【Tities】→【Search】。

(3) 可使用萬用字元＊（星號）來作搜尋。註5

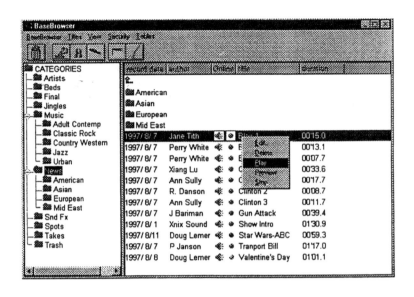

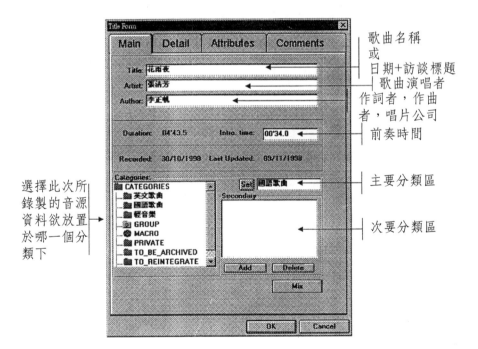

圖 8-9

資料來源：怡德視訊公司 Delet 自動化播出系統操作手冊-v5.0。

註　釋

註釋1：唐林（1992）《電視音效與實務》，臺北中視文化事業股份有限公司。

註釋2：蒙京溥（1989）《廣播電視錄音概論》，臺北：中國文化大學。

註釋3：莊克仁（1996）《廣播節目企劃與製作》，臺北：五南圖書出版公司，頁230。

註釋4：同註2。

註釋5：中國廣播公司資料提供。

第 **9** 章

廣播新科技

第一節　數位廣播

　　從1920年起，廣播提供人類的資訊音樂和娛樂已八十年了，雖然在聲音品質方面不能達到完美地步，但也成為人生活的一部分。隨著科技的進展，廣播技術有了革命性變化，類比的廣播也將進入了數位廣播的新紀元成為第三代廣播，比傳統廣播更能提供多樣化資訊服務與更高的附加價值，帶給人類更加人性化與便利。

　　數位和類比之間有何不同？數位就是一串數字，而類比是一種連續狀態會產生雜訊。數位可結合電腦技術，電腦只對零與一反應，以四捨五入的方式取樣訊號，可以容忍雜訊，將要傳輸的訊號化為數字，以方便於各種應用，CD就是數位化的表現具有清晰的音質和不易變質的優點。_{註1}

　　所謂數位廣播（Digital Audio Broadcasting, DAB），是新的廣播技術，其數位技術改進了傳統的缺點，避免訊號、噪音干擾，對於頻譜可作有效利用，其中最顯著的突破是除了聲音原音重現，還可以與多媒體結合，提供服務內容。例如：交通圖像、氣象預報、股票金融消息，與其他技術作整合後，可帶動相關產業並造成深遠的影響。_{註2}

　　未來數位廣播將取代目前的調幅與調頻廣播，到底數位廣播有什麼優點？

一、數位廣播的優點

1. 數位廣播可利用壓縮技術，一個頻道可以壓縮出至少五套以上的節目，等於一個頻道可有至少五套頻道用，與現在一個頻道僅能作一套節目不同，因此多樣化的節目可滿足不同的公眾需求。

2. 數位廣播可以提供像雷射唱片或CD的高音質效果，使聽眾在
　聽音樂時滿足聽覺上的需求。

3. 傳統的類比訊號因受地形、氣候、反射等因素而受到干擾；
　數位訊號可透過衛星，有線電纜傳遞，同時頻寬約為調頻兩
　倍，不會造成任何干擾，收到的訊號會忠實的播放出來，幾
　乎達到零失真狀況。

4. 數位廣播可作到「單頻成網」，一個頻率的電波覆蓋範圍廣
　大，對汽車族是項福音，不因為穿越不同地區而必須更換頻
　道，可一頻到底不需更動頻道。

5. 數位廣播電臺的國際標準集中在1.4至2.5秭赫，屬於高頻段廣
　播系統與電腦和終端設備相連，可提供多媒體服務、傳輸數
　據、各種資訊圖像等加值數據服務。

二、各國數位廣播發展

1986年，德、英、法、荷等國組成Eureka聯盟，共同制訂DAB
的統一規格稱為Eureka-147，並於1988在日內瓦WARC-88首次進行
DAB的測試引起全世界注意。1995年6月，國際電信聯盟ITU建議以
Eureka-147作為世界標準。 註3

1. 美國

1990年4月，歐洲廣播聯盟EBU在美國亞特蘭大作Eureka-147展
示。美國為了和歐洲爭奪數位廣播系統，自己也發展出美規的IBOC
（In Band on Channel）系統。1995年4月在NAB年會上展示，以AM
頻段1660KHz和FM頻段91.5MHz試播，在每一頻率上同時播出類比
和DAB節目各一套。9月時用96.5MHz頻段試播DAB，顯示DAB在汽
車移動時的接收效果。美規IBOC最大的優點是利用數位技術把訊號
加於AM或FM的射頻訊號上，對電臺業者在數位技術過程中不需花
太多資金改裝、大約新臺幣200至500萬即可成數位電臺。但缺點是

傳輸能力弱於Eureka-147的1.5mbps，美國聯邦通訊委員會也還未同意IBOC的標準規格。 註4

根據麥克麥愛文，世界論壇主席說，DAB在投資、技術方面已獲得世界各地的支持，目前已有20個不同國家同時已擁有450種不同的DAB服務。

2. 英國

英國於1993年研發第一個數位廣播服務設備，英國廣播公司於1995年在倫敦架設五個Eureka-147數位廣播發射臺構成單頻網路，開始進入數位廣播時代。到了1998年完成27個發射站臺之單頻網涵蓋六成英國人口。

英國廣播公司BBC以政府的預算從事DAB技術研究民間也進行商業性的數位廣播運作。民營數位廣播頻道供應商Digital One是純民營的「頻道供應者」，目前有十家用頻道來播出各「節目供應商」製作的節目。英國還有許多地區性的數位頻道，只針對著某一地區發射，在境內共有106套，24小時播音的數位廣播節目。1999年英國數位廣播發射範圍達69%，到2002年達85%。2003年末數位廣播接收機銷售達到130萬臺，2008年應有1,300萬套數位廣播接收機，30%是家庭使用。

3. 德國

德國是歐洲發展數位廣播技術最領先的國家，於1980年首先開始研究數位廣播的技術，DAB頻道中，有50～60個公共節目，240個商業節目。有些是原有FM同步播出外，還有許多節目專為DAB設計，而由節目供應公司製作的。德國數位廣播覆蓋率預計在2004年可達到總人口的85%，超出150個成音節目，數位廣播接收機超出十萬臺銷售量，集中焦點在汽車與移動設備發展。

4. 法國

法國數位廣播的發展與研究以國營的法國廣播公司為主。1997年1月，巴黎地區正式數位系統的運作，消費者數位廣播接受機也在同年柏林電子大展中展出。西班牙在2002年有80%的人口可接觸到DAB，而葡萄牙在2002年則有84%的人口可收聽到數位廣播。註5

5. 丹麥

涵蓋人口範圍接近100%，18個數位廣播成音頻道，2004開始推廣進入市場，12個月銷售近8萬臺。

6. 挪威

涵蓋人口範圍接近70%，有全國與地區成音服務節目，2004年12月開始推出消費產品，幾個月銷售超過1.5萬臺。

7. 比利時

涵蓋範圍接近98%，10個數位廣播發射站，2003年末期數位廣播接收機銷售量6,000臺，到2004年末約有3萬臺銷售量。

8. 荷蘭

涵蓋範圍接近70%，預計2019年由DAB代替FM為主流。

9. 瑞士

涵蓋範圍接近58%，分四個發展階段：(1)2004年由公營廣播業者開始發展，(2)民營廣播業界於2005年加入發展，(3)全國性數位廣播，(4)L頻道地區廣播。

10. 義大利

涵蓋範圍接近65%，2005/2006年市場開始推出產品，期待強力銷售 成長。

11. 加拿大

涵蓋人口範圍接近35%，在主要城市超出70個公營與民營數位廣播發射站臺。 註6

三、臺灣數位廣播發展

1995年，臺灣的工研究最早有數位廣播的進行研究計畫，1999年經全國產官學各方代表研究結果決定以歐盟Eureka-147系統作為試播的實驗。2000年1月，交通部電信總局公布進行試播計畫預定在2003年12月正式全面數位播出。目前Eureka-147的頻段是設在174MHz到240MHz之間，政府對DAB第一階段試播頻道認為頻道13中的211.648MHz、213.360MHz、215.0172MHz、220.352MHz、222.064 MHz等五個頻道中，每一個頻段的頻寬1500KHz。

國內試播電臺全區性頻段有兩個，中國廣播公司有11C、頻段、11D由中央（兩套）漢聲、警廣、教育電臺共同擁有。地區性頻段有三個。北區10D飛碟（四套）、正聲（二套）。10B包括臺北之音（四套）。10C包括亞洲（三套）、臺北愛樂（三套）。中區10D包括真善美（四套）、臺廣（二套）、全國（四套）、大苗栗（二套）。南區10D包括南臺灣（四套）、正聲（一套）、臺廣。10B包括高屏（二套）、港都（四套）。10C由大眾單獨擁有四套。

2000年3月10日中國廣播公司首先取得第一張試播執照，10月6日飛碟在臺北試播，10月16日南臺灣之聲試播，12月5日南區大眾電臺試播，其餘獲試播的電臺還有臺北之音、高屏電臺、教育電臺。迄2000年2月15日止，電信總局共核發試播電臺執照共計七張、架設執

照二十四張。

　　經過四年的試播後，在2005年6月獲得政府開放申設的數位廣播電臺有全區網三家；福爾摩沙電臺（民視）、優越傳信數位廣播（大眾電臺）和中國廣播公司。地區網「北區」寶島新聲電臺、臺倚數位廣播（臺灣大哥大、倚天科技），「中區」無，「南區」好事數位生活電臺（港都電臺）。

　　目前臺灣數位廣播，以民營為先、公營為後的發展策略。由於數位廣播硬體資金龐大，軟體內容需求量也多，如政府不調整策略可能會延緩數位廣播的進展，應參考歐洲國家經驗，政府定出明確的發展策略和時間表，公民營電臺、通訊產業與汽車工業共同結合發展，使我國數位廣播早日全面普及化。

四、數位廣播的問題

　　我們即將面臨數位廣播的傳播型態，因此必須考量到對傳統廣播的衝激而採取因應之道。

1. 法規的修改

　　目前的廣播電視法無法適用新媒體的技術功能，因此必須擬定數位廣播工程技術標準容許單一頻率可傳輸多路語言節目及數據資訊。

2. 系統標準的確立

　　目前電信總局以歐盟Euraka-147系統標準試播，以往在電視系統我國都採用美規標準，而目前美規數位廣播是IBOC系統，以後我國全面數位廣播化應採何系統應即早確立，俾使業者有所遵遁。

3. 接受器材的成本

　　數位廣播接受器價格高且只適合裝設在汽車上或配合家庭音響使用層面，與傳統收音機價格低廉又有機動的特性無法相比，是否以類

比轉換解碼器作為初期替代使用。

4. 頻道重新分配

數位廣播的傳播方式有地面廣播與衛星廣播兩種，此兩種廣播頻譜皆為公共財，而為了配合數位廣播的需求必須考慮頻道重整，而依世界廣播諮詢會議（WARC, World Administrative Radio Conferences）的建議，各國對於原廣播頻道之使用者在規定時間內將頻道空出，重新加以分配。因此在頻譜重新分配時必須考慮公平性以免造成市場上的爭議。 註7

第二節　網路廣播

談網路廣播，必先瞭解網路的源流，早在1962年，美國麻省理工學院教授J. C. R. Licklider首先提出銀河網路的概念，亦即任何人在其所在地，都可經由全球的連結方式，迅速取得需要的資料。美國國防部於1968年完成尖端研究網路計畫作為國防通訊用途，之後把相關技術開放民間及學術單位使用。

1991年8月，Tim Berners Lee正式宣布完成全球通訊網（WWW, World Wide Web）的伺服器與瀏覽器兩套系統，提供給網路使用者利用。網路的使用必須藉助於寬頻。寬頻網路即為利用網路壓縮與數位技術，將現有的網路傳輸效能及資料傳送能力提昇。目前國內寬頻系統有：(1)寬頻電話，以現有電話再加裝xDSL交換設備；(2)有線系統，以雙向750MHz同軸光纖電纜作為傳輸媒介。 註8 其中以ADSL非對稱數位用戶迴路和有線電視纜線數據機Cable Modem為主要技術。前者藉由在用戶端與電信機房兩端架設數據機，將現有電話線轉變成高速資料傳輸線路的數據技術，下行可達1.5Mbps到9Mbps，而上行則從64Kbps至640Kbps。後者則建立在有線電視網路上的寬頻，

以Sub-carrier modulation方式進行傳輸工作。換言之,骨幹使用光纖傳送訊號,用戶則以同軸電纜傳送,再利用分歧器將線路接上電視即可觀看有線電視和上網。

　　何謂網路廣播,根據網路傳輸功能,聽眾只要具備電腦軟硬體設備,先連上網路上的廣播站伺服器,透過網路將其上的多媒體訊號解壓縮,並擷取下來,就可經由電腦上播放所選擇的電臺資訊。根據學者楊忠川(1996)對網路廣播所下的定義為以傳輸資料和通訊功能為主的傳統網際網路,轉型成為新型態傳送語音及影像節目的管道,將廣播和電視節目透過網路來讓使用者收視聽。註9 但陳冠鳴(2001)認為廣播不應包涵視訊在裡面,換言之,網路廣播的三元素與傳統的廣播、音樂、語言、音響是一樣的,只是經由網際網路作為傳播媒介,再傳送給聽眾。註10

　　廣播利用網際網路的數位化技術和高速度、高容量的光纖通信技術,大大改變了傳統廣播的概念。網路中的廣播不僅可供用戶聽看外,也可供用戶檢索、閱讀、儲存、評論、下載、剪輯、傳送、跨越時空的限制,聽眾從網上收聽到外地的廣播,同時也可以隨時點播,自主選擇收聽、收看、複製節目,給予聽眾的主體性和雙向互動性。

　　目前網路廣播有直播和點播兩種形式。直播(Live)即電臺節目透過壓縮技術,將聲音內容轉為數位檔案,經由網路寬頻傳送,聽眾可上網直接點選,其優點為時效性強具有真實感。點播(Audio On-Demand)是根據網路族群的喜好而設計製作的廣播節目。聽眾可以根據標題和分類,選擇來收聽看。其優點是節目類型多元化、聽眾有較多選擇性,內容更加區隔化、細分化和專門化。

　　美國第一個出現在華府的網路廣播公司在1993年提供24小時服務後,目前網路線上即時廣播電臺約1,000家左右,專屬的虛擬電臺約有160家左右(張傑誠,1998)。媒體調查公司Arbitron Company及Edision Re Learch在1999年調查發現,美國網路使用者,收聽線

上電臺的人數在一年內增加將近一倍，年齡層以25至44歲爲主要聽眾。

　　根據交通部「臺灣地區民眾使用網際網路狀況2005年分析報告」，國內上網人數已達1,237萬人，其中以12-30歲的上網人口占90%。女性上網人口與男性上網人口比例的差距縮小2%。調查還發現，國內家庭上網比例約67%，ADSL寬頻上網方式占82.8%已成爲主流。經濟部委託資策會所進行「我國網際網路用戶調查」結果顯示，經常性上網人口達925萬，網路連網應用普及率爲41%，其中XDSL用戶達328萬戶，占整體寬頻用戶88%；Cable Modern上網用戶爲40萬，固接專線1萬1千戶，光纖用戶達2萬戶，電話撥接用戶爲214萬。以歐洲、亞洲、美洲等30個國家和地區的13歲以上人口爲對象的「諾普世界」調查發現，臺灣人使用電腦和上網，每週平均花12.6小時是全球冠軍。2013年臺灣網路資訊中心研究，臺灣12歲以上曾上網民眾已占全體人口的79.18%，達到1,645萬人，使用寬頻網路比率已達77.44%，而家戶上網已占全國約85%。而近幾年45至55歲的上網人口約80.88%，人數也在上升中。

　　每年上網人數的增加，網路成爲日常生活的活動，在網上聽廣播又可達到聲音、圖像和文字三合一的多媒體傳播效果，大大的擴展了傳統廣播的空間，網路廣播將成爲一新興媒體。

一、網路廣播的優點

1. 速度快

　　透過網路傳遞的網路廣播，用戶在接收訊號時比傳統撥接速度快。傳統無線電波傳輸常受到地形與地域關係受到干擾，而網路廣播不需要天線、發射機，不受干擾，音質上較好。

2. 自由點選

　　網路廣播是無國界，只要全世界的網路電臺有網址，聽眾即可連

結，不論你在世界任何角落，自由點播自己想聽的歌曲不必等待主持人播放就可收聽。_{註11}

3. 節目互動性

網上的聽眾在收聽節目同時，可利用Net-In On-Line問卷等互動方式來表達意見，而且很快就能收到問題的回答，這種互動性特點使節目與聽眾的距離縮短，參與節目的程度增高，比傳統的處理方式省時省力。_{註12}

4. 附加價值多

網際網路資料庫的資料透過網路TCP/IP封包交換方式，不限於查閱、整理分析的作用，良好的資料庫設計可產生許多附加價值，提昇資料的重複利用率。在節目製作和管理上提供便利性。網路電臺管理上對內可節省部分管銷和人力規劃，對外可提供聽眾的個人服務，增加對電臺的忠誠度。節目製作方面透過網路科技的發展，內容的製作可不受地點時間限制，只要把節目內容輸入廣播用的伺服器，經過編輯排序，可依要求指定時間來播放。

5. 廣告效果好

透過資料庫與訪客流量（資料分析技術），對聽眾的社經、背景資料能作有系統的歸類。網路廣播可於收聽節目中開出不同的廣告窗口，再以系統端進行廣告插播並隨節目中播出，聽眾無可必免的會接觸廣告訊息，而且不受時段地域限制，廣告費又比傳統廣播便宜，廣告效益很高。_{註13}　而上網者在教育程度、職業收入、社會地位都屬於上層社會階級，不論在質或量上對廣告主是具有吸引力。_{註14}

6. 電臺多頻道化

網路可開闢出不同頻道來滿足不同聽眾和族群的收聽。

7. 影響力大

網路廣播的影響力不限於網上，還可延伸至網外。傳統電臺常以社會事件、政治議題來吸引聽眾的參與，而網路廣播將因隨選、互動和深度報導的能力，使網路內容訊息影響力擴大。 註15

二、網路廣播缺點

1. 一照難求

第九梯次中小功率電臺開放申請，因僧多粥少，外加政治力操作和市場的炒作，使得網路廣播涵蓋面類等的電臺聯播網的價格達到1億3,000萬，造成電臺執照有一照難求現象。 註16

2. 網皮舊骨

目前網路電臺大部分都是由傳統電臺轉投資後加以運作，只是傳統電臺增設的網路單位，大多透過REALNET WORK的Real Player, MICROSOFT的Media Player或APPLE的Quick Time等系統的串流技術，將傳統電臺節目同步在網路播出，事實上網路節目內容只是傳統媒體的翻版而已。 註17

3. 市場有待開拓

網際網路是世界最大的複製場所，無法靠著複製動作來開拓廣播市場，無法取代傳統媒體品牌的吸引力與信任感。網路廣播使用者限於新世代或使用同一語言的同文區域市場。 註18

4. 缺乏人才

網路廣播建臺費用比傳統電臺低廉，但在總體經費中花費最大的是人才培育。網路世界不是要通才或全才，而是專才。網路廣播在新

技術的專業知識上對專才需求量大，否則對電臺的運作和權威性無法建立起來。[註19]

5. 機動性差

傳統廣播具有機動性強的特質，不影響你的工作，無論開車、走路、上班，都可一邊工作一邊聽廣播，而網路廣播必須限制在特定的螢幕前收聽限制了聽眾活動空間。[註20]

6. 頻寬服務

網路廣播經營者，必須先確定要服務多少聽眾來決定頻寬，而其費用占業者支出的最大宗。

7. 收聽者付費

傳統廣播隨時收聽各種節目都不需付費，而網路廣播在選擇內容時須負擔撥接上網費用。[註21]

目前網路廣播的發展尚未進入完全成熟階段，但在我國電腦日漸普及化、上網人口逐年增加、寬頻技術日漸提昇，網路廣播仍有極大的發展空間，但仍需面對媒體市場的競爭，因此必須發展出自己的競爭優勢和一套的經營策略才能創造出利基點在劇烈的競爭市場上生存。

在市場區隔的觀念下，網路廣播首先要定位明確，擺脫傳統廣播的角色，在節目內容的設計上針對目標群聽眾的喜好作為製作的方向。其次，異業結合發揮最大功效，與其他媒體或產業進行資訊交換、提供目標群取得資訊的方便性。譬如與行動電話結合、發展行動上網的加值服務，也可和ISP業者透過電腦網路提供影音節目。發揮網路廣播不受地域上的限制，利用系統串聯方式擴大全球華人市場。

表 9-1　網路廣播可收聽之電臺一覽表

線上收聽電臺（Live）	網路播音電臺（Audio On-Demand）
1. 中國廣播公司 BCC	1. Channel 跨校園網路電臺
2. 警察廣播電臺	2. Nedio 星際電臺
3. 漢聲廣播電臺	3. 銀河網路電臺
4. 教育廣播電臺	（http://www.iwant-radio.com）
5. ICRT	4. 臺藝之聲網路電臺
6. KISS RADIO 聯播網	5. 滾石可樂
7. 臺北之音	6. 東森寬頻城市音樂館
8. HIT FM 聯播網	7. 秀比網路電臺
9. ET FM 聯播網	8. 活力頌廣播電臺
10. 飛碟聯播網	9. ET 酷樂網
11. NEWS98 新聞網	10. 交工樂隊顛覆音樂
12. 亞洲聯播網 Asia FM	11. 看我 Lookme
13. GOLD FM 健康聯播網	12. 藍調小鎮網路音樂城
14. 港都聯播網	13. lk 電臺 lk
15. TOUCH 廣播電臺	14. RAVE 網際電臺
16. 臺北愛樂電臺 e-classical	15. i 電臺 i Radio
17. 財團法人中央廣播電臺	16. 大直之聲、實踐網際廣播電臺
18. 希望之聲／佳音廣播電臺	17. 新新人渣網路新生態廣播電臺
19. 環宇廣播電臺	18. 網上電臺廣播—奇洛聲創作室
20. IC 之音	19. 縱橫天下「浩瀚之聲」國際網路廣播
21. 全國廣播公司臺中調頻臺	網真心之音網路廣播電臺
22. 臺中調頻廣播電臺	20. 清華電臺（THBS）
23. 大千廣播電臺	21. 中山大學析灣放送網（Sound Net）
24. 小太陽廣播電臺	22. 成大網路電臺（Hot Radio）
25. 雲嘉廣播電臺	23. 義守之聲網路電臺
26. 世新廣播電臺	
27. 政大之聲實習廣播電臺	
28. 銘傳之聲實習廣播電臺	
29. 長榮之聲實習廣播電臺	

資料來源：整理自各電臺網站。

註　釋

註釋1：章謀傑（2000）：《廣播科技大躍進探討數位廣播之趨勢及發展影響》，臺北：廣電人月刊，No.68，頁22。

註釋2：徐肇徵（2001）：《數位廣播之發展狀況與產品應用》，臺北：廣電人月刊，No.78，頁60。

註釋3：李木村（2001）：《數位音訊廣播DAB的探討》，臺北：廣電人月刊，No.75，頁24。

註釋4：邱浩哲（2001）：《未來數位廣播發展與市場趨勢》，臺北：廣電人月刊，No.74，頁10。

註釋5：李蝶菲（2002）：《數位廣播之旅》，中國廣播公司網站 http://www.bcc.com.tw/events/dabmusic/tl.htm.。

註釋6：中華民國廣播事業協會2005年9月考察歐洲地區數位廣播發展報告。

註釋7：陳清河（1998）：《數位廣播與廣播業態的脈動》，臺北：中廣數位廣播研討會，頁23-24。

註釋8：盧品明（1999）：《寬頻網路發展趨勢分析—以cable Modem為例》，資訊與電腦，224期；頁64-67。

註釋9：楊忠川（1996）《傳播生態的新衝擊：網際網路廣播時代來臨》，廣告雜誌，162期，頁124-127。

註釋10：陳冠鳴（2001）：《網路廣播願景（上）》，臺北：廣電人月刊，No.75，頁4。

註釋11：同前註，頁5。

註釋12：黃雅琴（1998）：《大眾傳播概論·廣播篇》，臺北：五南出版社，頁121。

註釋13：許佩雲（2001）：《網路廣播電臺的經營與組織》，臺北：廣電人月刊，No.78，頁57。

註釋14：同註13，頁120。

註釋15：陳冠鳴（2001）：《網路廣播願景（下）》，臺北：廣
　　　　電人月刊，No.76，頁18。

註釋16：同前註15，頁17。

註釋17：同註15，頁17。

註釋18：同註15，頁6。

註釋19：同註15，頁17。

註釋20：舒蔓蘭（2001）：《網路加廣播？市場在哪裡？》，臺
　　　　北：廣電人月刊，No.75，頁16。

註釋21：同前註，頁16。

第 **10** 章

收聽率調查

收聽率調查的意義在於用嚴謹態度、科學手段的調查方式，清楚瞭解聽眾收聽廣播的時段、對節目內容的喜好並描繪出聽眾的特質；並分析和預測聽眾收聽行為的變化。

調查結果後的收聽率數據對電臺和廣告主是一種重要意義的指標依據。節目部可藉此思考節目的改進，做什麼樣節目聽眾會喜歡，以作為調整節目的方向。業務部瞭解客戶要什麼節目，如何賣節目來提高公司的業績。廣告主可以瞭解他們的消費目標群的心理特質和收聽行為及節目的偏好，以此作為分配廣告費的依據。

由於收聽率的調查，需要有專業的市場知識、經驗和公正客觀的立場，電臺大都以市調公司的調查結果作為參考。目前在臺灣從事廣播收聽率的調查公司有潤利調查公司、臺灣尼爾遜調查公司、和廣告公司行銷部門的調查。

第一節 聽眾調查的程序

廣播收聽行為的調查為能正確反應聽眾的收聽喜好與習慣，必須依循市調的步驟程序對聽眾蒐集資料，進一步分析調查結果才能得到正確瞭解廣播市場的資訊，提供給業界作為參考的依據。

廣播收聽行為研究調查包括下列項目：

1. 調查地區

臺灣地區各個電臺的涵蓋地區調查對象，以12至65歲的民眾，並依人口基本資料，性別、年齡、居住地區、教育程度、婚姻狀況、工作狀況、職業、職位、個人月收入和個人可支配消費金額作為分類的市場區隔。

2. 調查方法

採用電話訪問法，並以電腦輔助電話訪問系統（CATI）訪問進行資料蒐集。調查時間平日每天自晚上五點半起至晚上十點，假日則自下午兩點至晚上十點。

3. 抽樣方式

爲有效正確反應收聽行爲，最好以隨機抽樣，讓抽樣的聽眾當中的每一個分子都有相同的機率被抽中，而且樣本愈大，抽樣誤差愈小。例如尼爾遜的抽樣設計採分層系統隨機抽樣法。首先依縣市別將臺灣分爲廿三層，各層中以電話號碼名冊爲抽樣清冊，採系統隨機抽樣法抽選電話號碼進行末碼隨機處理做爲受訪號碼，並於受訪號碼家戶中選出符合條件的合格受訪者進行訪問。

抽樣誤差在95%信賴度下，全區每季最大可能抽樣誤差爲±1.4%，全年最大可能抽樣誤差爲±0.71%。

4. 調查時間

爲了瞭解聽眾的變化和市場發展的趨勢分析，廣播調查都是以長期性的研究調查，係在幾個不同的時間點上，針對同一組人或同樣背景的人進行資料的蒐集。例如尼爾遜廣播的調查以一年爲期執行四次。

5. 調查內容

以過去七天和這一週調查對象接觸的情形來瞭解收聽行爲，其內容則包含了各時段收聽廣播電臺，收聽時數，每週廣播收聽頻次，最喜歡收聽的電臺及原因，選擇收聽電臺的考慮因素，希望從廣播中獲得哪些內容，音樂類型及播放方式，整點及半點新聞收聽時段，收聽廣播時選擇收聽的語言，是否收聽廣播聯播的節目內容，收聽廣播

時，遇到廣告的態度。

為了確保所獲得之資料的高品質與眞實性，避免產生累積誤差。對於人為的補償性誤差，在市調的執行過程必須嚴格控管，因調查公司多採用電腦中的套裝軟體協助資料的分析工作，所以必須防止不當操作電腦時所造成的誤差。要督導訓練與訪員調查的技巧和良好的態度，訪問時間的控制，確實執行回訪的工作，並進行複查，才可達到確實的資料。

第二節 聽衆調查種類

一、收聽率（Average Quarter Hour, AQH）

1. 定義

在電臺的涵蓋範圍市場內，15分鐘內收聽某一電臺的節目至少要收聽5分鐘的人數所占的百分比。

2. 公式

$$AQH = \frac{n1}{n}$$

n1：15分鐘內收聽某一電臺至少收聽5分鐘的人數。

n：調查樣本的總人數。

3. 範例

警廣電臺在AM8：00～8：59的收聽人數為78人，此次調查樣本998人，警廣在該時段的收聽率多少？

4. 計算方式

$$78 \div 998 = 7.8\%$$

二、累計收聽率（Cumulative Rating）

1. 定義

是指某一時段15分鐘內至少收聽5分鐘節目的不同人的數目。因為是累計，因此一個聽眾只能在計算中僅計算一次，即使一週內收聽二次以上也只能算收聽一次。收聽率累積淨值是聽眾累積淨值占調查母體的百分比。 註1

2. 公式

$$\frac{\text{聽眾累積淨值}}{\text{母體中某一群體的人數}} \times 100 = \text{收聽率累積淨值}$$

3. 範例

假如警廣的聽眾累積淨值的目標群是20到35歲男性有10,000人，在母體中這個群體的人數是200,000人。警廣在該時段的累積淨值多少？

4. 計算方式

$$\frac{10,000}{200,000} \times 100 = 5$$

三、市場占有率（Share）

1. 定義

每個電臺聽眾平均每15分鐘的百分比，可以顯示出該時段每個電臺各有多少聽眾？ 註2

2. 公式

$$\text{Share} = \frac{\text{平均每 15 分鐘聽眾收聽某一電臺的數量}}{\text{該時段目標群的總人數}}$$

3. 範例

警廣的某一時段目標群是20到40歲男性，而其平均每15分鐘聽眾數量是3,000人，該時段聽眾的總數是60,000人，則其占有率為？

4. 計算方式

$$\frac{3,000}{60,000} = 5\%$$

四、收音機開機率（Persons Using Radio, PUR）

1. 定義

某一時段內，在某個收聽群當中，收聽廣播人數的比率。[註3]

2. 公式

$$\text{PUR} = \frac{\text{某一時段內，該臺收聽群當中收聽廣播人數}}{\text{收聽群人數} \times \text{該區收音機普及率}}$$

3. 範例

警廣在早上8：00～8：59時段的收聽群人數189人，此次調查樣本人數為988人，收音機普及率是99%，則該時段的收音機開機率為？

4. 計算方式

$189 \div (988 \cdot 99\%) = 19.9\%$

五、總收聽率（Gross Rating Points, GRP）

1. 定義

在廣告活動期間，某一訊息在廣播節目播出後，各個節目，收聽率之總和。

2. 公式

$$GRP = \frac{\text{收聽某電臺人數} \times 100}{\text{收聽的總人數}} + \frac{\text{收聽某電臺人數} \times 100}{\text{收聽的總人數}}$$
$$+ \frac{\text{收聽某電臺人數} \times 100}{\text{收聽的總人數}}$$

3. 範例

廣告活動間為1月1日至1月31日，警廣收聽人數為66人、中廣聽眾為50人、飛碟80人，此次調查的樣本人數為800人，則總收聽率為？

4. 計算方式

$(66 \div 800 \times 100) + (50 \div 800 \times 100) + (80 \div 800 \times 100)$
$= 8.25 + 6.25 + 10 = 24.50$

六、總收聽印象（Gross impression）

1. 定義

不同於收聽點，是所有廣告露出的數字。

2. 公式

Gross Impression =（GRP ÷ 100）×該區收聽總人數

3. 範例

若中廣總收聽率為15，且該區總人口數為300萬人，其總收聽印象為？

4. 計算

$(15 \div 100) \times 3{,}000{,}000 = 450{,}000$

七、每千人成本（Cost Per Miller, CPM）

1. 定義

廣告活動期間所花費的預算達到1,000人的聽眾成本。

2. 公式

$$CPM = \frac{\text{媒體花費總預算}}{\text{總收聽印象}} \times 1{,}000$$

3. 範例

若花在中廣、臺北之音、飛碟的廣播總預算是100萬元，而總印象是450,000。

4. 計算

$(1{,}000{,}000 \div 450{,}000) \times 1{,}000$人 $= 2{,}222$元

八、每收聽點成本（Cost Per Rating Point, CPRP）

1. 定義

廣告活動期間在所有廣播節目的廣告總費用，所得的每一收聽點所需的花費成本。

2. 公式

$$CPRP = \frac{廣播媒體的總費用}{總收聽率}$$

3. 範例

統一在中廣、飛碟、臺北之音的廣播總花費是1,000,000元，而總收聽率是250點，則每一收聽點成本為？

4. 計算方式

$$\frac{1,000,000}{250} = 4,000 \text{ 元}$$

第三節　聽眾調查的方法及其優缺點

一、日記調查法

在全省各區經抽樣選擇一群具代表性的聽眾，將收聽情形記錄在日記上。每週記錄完後，樣本戶把日記寄回視聽調查公司作資料統計處理分析。

1. 優點

(1) 可瞭解收聽行為。

(2) 調查內容詳細可得知收聽人口、年齡、性別、收入社會階層。

(3) 較便宜，只要一本記事本。

2. 缺點

(1) 收聽人如果沒準時塡具資料，事後以記憶方式塡入時，其精
　　確度可疑。

(2) 有人不按時寄回，樣本失去時效性。

二、電話訪問法

以電話簿作系統抽樣，在節目播出時段，訪員用電話來進行訪
問。但晚上10時後，避免調查，以免妨礙居家生活。

1. 優點

(1) 可迅速瞭解資料。

(2) 花費較少。

(3) 受訪者拒答少、可立即得知正在收聽的節目的聽衆，可信度
　　較高。

2. 缺點

(1) 不具有代表性樣本，不是所有人都登記在電話簿上。

(2) 所蒐集資料有限，無法全面瞭解收聽衆行爲。

三、測聽器記載法

將測聽器裝在聽衆的收音機上，只要聽衆打開收音機，即可知收
聽電臺、節目和時段、時間的長短。

1. 優點

迅速可蒐集到資料。

2. 缺點

(1) 無法獲得詳細收聽人的人口統計資料。除非配合日記填寫法或電腦個人資料儲存。

(2) 費用高，因爲必須安裝測聽器與中央電腦控制器聯線增加成本費用。 註4

廣播媒體開放後，市場的競爭愈來愈激烈。收聽率的調查對電臺和廣告主占有重要性的指標。對電臺而言收聽率的高低，意味著廣告營收的好壞、關係到電臺的生存問題，因此電臺會以收聽率來變化或調整節目型態來滿足聽眾以確保收聽率的提高。廣告主也可以精確的估算每一分的廣告費用是否有相當的消費目標聽眾群聽到商品的訊息。收聽率數字的意義攸關電臺的生存，因此調查公司對於調查的方法必須是精確可靠、公正客觀，以建立可信度。

註　釋

註釋1：李玟譯（1998）《電子媒體視聽率調查》，臺北：廣電基金，頁128-129。

註釋2：同前註。

註釋3：莫季雍（2000）《廣電基金2000年廣播調查》，臺北：廣電人月刊，No.69，頁7-8。

註釋4：黃新生（1992）《廣播與電視》，臺北：國立空中大學，頁223。

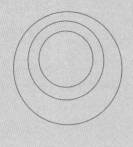

附　録

附錄一

臺灣各地區電臺一覽表

臺灣北部地區

電臺名稱	頻率	收聽範圍
益世廣播電臺	AM1404	
基隆廣播（股）公司	AM792	
北臺之聲廣播（股）公司	FM102.5	基隆
日日春廣播（股）公司	FM88.9	基北
復興廣播電臺臺北總臺	AM558、AM909、AM594、AM1089	
警察廣播電臺臺北總臺	FM104.9、FM94.3（交通臺）AM1260、AM1512	
臺灣廣播公司臺北總臺		
臺灣廣播公司臺北臺	AM1323、AM1188	
民本廣播公司	AM1296、AM855	
天南廣播公司	AM999	
華聲廣播公司	AM1152	
臺北國際社區廣播電臺	FM100.7、FM100.1	
財團法人中央廣播電臺	AM603、AM1422、AM1008、AM585、AM1557、AM927、AM1098、AM1521、AM1098、AM1206、AM747	
臺北廣播電臺	FM93.1、AM1134	
漢聲廣播電臺臺北總臺	AM693、AM684、AM936、AM1116	
中國廣播公司臺北總臺	AM657、AM1062、AM954、AM747、FM105.9、	

	FM103.3、FM96.3	
正聲廣播公司	AM819	
正聲廣播公司臺北調頻臺	FM104.1	臺北
教育廣播電臺臺北總臺	FM101.7、AM494	
飛碟廣播（股）公司	FM92.1	臺北
臺北之音廣播（股）公司都會臺	FM107.7	臺北
勁悦廣播（股）公司	FM98.9	臺北
臺灣全民廣播（股）公司	FM98.1	臺北
臺北愛樂廣播（股）公司	FM99.7	臺北
財團法人佳音廣播電臺	FM90.9	臺北
女性生活廣播（股）公司	FM91.7	臺北
全景社區廣播電臺（股）公司	FM89.3	臺北
財團法人臺北健康廣播電臺	FM90.1	臺北
財團法人寶島客家廣播電臺	FM93.7	臺北
財團法人臺北勞工教育電臺基金會	FM91.3	臺北
綠色和平廣播（股）公司	FM97.3	臺北
淡水河廣播（股）公司	FM89.7	基北
大樹下廣播電臺	FM90.5	基北
中國廣播公司臺灣廣播電臺	AM720、AM837	
中華廣播公司	AM1026、AM1350、AM1233	臺北
亞洲廣播（股）公司	FM92.7	北、桃、竹
新客家廣播事業（股）公司	FM93.5	
美聲廣播（股）公司	FM91.5	
鄉親廣播電臺（股）公司	FM91.9	
鄉音廣播電臺（股）公司	FM89.5	
大溪廣播（股）公司	FM91.1	
先聲廣播公司	AM774	

桃園廣播電臺	FM107.1	
中國廣播公司新竹廣播電臺	AM882、AM1017、AM1386	
警察廣播電臺新竹臺	AM1116、FM105.1	
臺灣廣播公司新竹廣播電臺	AM810、AM1206	
新聲廣播（股）公司	FM99.3	
環宇廣播事業（股）公司	FM96.7	
新竹勞工之聲廣播（股）公司	FM89.9	
大新竹廣播（股）公司	FM90.7	
竹塹廣播（股）公司	FM90.3	
新農廣播（股）公司	FM89.1	
竹科廣播（股）公司	FM97.5	
中國廣播公司苗栗廣播電臺	AM1161、AM1413、AM891	
天聲廣播公司	AM1215（蓬山轉播站）、AM1026（苑裡轉播站）	
大苗栗廣播（股）公司	FM98.3	
亞太廣播（股）公司	FM92.3	
財團法人中港溪廣播事業基金會	FM91.3	
苗栗正義廣播電臺（股）公司	FM88.9	
財團法人苗栗客家文化廣播電臺	FM91.7	

臺灣東部地區

電臺名稱	頻率
中國廣播公司臺東廣播電臺	AM819、AM1008、AM1413、FM96.3、FM102.1、FM103.9、FM106.9
教育廣播電臺臺東分臺	FM102.9、FM100.5

正聲廣播公司臺東廣播電臺	AM1269
財團法人蘭嶼廣播電臺	FM99.5
臺東之聲廣播電臺（股）公司	FM89.7
財團法人臺東知本廣播事業基金會	FM91.3
中國廣播公司宜蘭廣播電臺	AM1404、AM1161、AM630、FM96.1、FM102.1、FM102.9、FM103.9
警察廣播電臺宜蘭臺	AM990、FM101.3
正聲廣播公司宜蘭廣播電臺	AM1062
蘭陽廣播（股）公司	FM107.3
宜蘭之聲中山廣播（股）公司	FM97.1
宜蘭之聲廣播電臺（股）公司	FM90.7
財團法人北宜產業廣播事業基金會	FM89.9
中原廣播（股）公司	FM89.1
太平洋之聲廣播（股）公司	FM91.5
冬山河廣播電臺（股）公司	FM105.5
宜蘭鄉親熱線廣播電臺（股）公司	FM92.3
中國廣播公司花蓮廣播電臺	AM855、AM1188、AM1386、AM1467、AM1116、FM96.3、FM102.1、FM103.3、FM105.7、FM106.9
警察廣播電臺花蓮臺	AM990、FM94.3、FM101.3、FM106.5
教育廣播電臺花蓮分臺	FM97.3、FM103.7、FM100.3（玉里轉播站）
漢聲廣播電臺花蓮臺	AM1359、AM792、FM104.5、FM107.3（玉里）、FM105.3（臺東）
燕聲廣播公司	AM1044、AM1242
東臺灣廣播（股）公司	FM107.7

花蓮希望之聲廣播電臺（股）公司	FM90.5
後山廣播電臺（股）公司	FM89.7
財團法人太魯閣之音廣播事業基金	FM91.3
歡樂廣播事業（股）公司	FM98.3

臺灣中部地區

電臺名稱	頻率	收聽範
警察廣播電臺臺中臺	FM105.1、FM94.5	
臺灣廣播公司臺中廣播電臺	AM774	
復興廣播電臺臺中臺	AM594、AM1089、FM107.8	
正聲廣播公司臺中廣播電臺	AM657、AM990	
漢聲廣播電臺臺中臺	AM1287、AM1089、FM104.5	
中聲廣播公司	AM864	
全國廣播（股）公司	FM106.1	
臺中廣播（股）公司臺中調頻電臺	FM100.7	
每日廣播事業（股）公司	FM98.7	
大千廣播電臺（股）公司	FM99.1	
好家庭廣播（股）公司	FM97.7	
中臺灣廣播電臺（股）公司	FM91.5	
望春風廣播（股）公司	FM89.5	
山海屯青少年之聲廣播（股）公司	FM90.3	
財團法人真善美廣播事業基金會	FM89.9	
天天廣播電臺（股）公司	FM96.9	
城市廣播（股）公司	FM92.9	
地球村廣播（股）公司	FM92.5	
大漢之音調頻廣播電臺（股）公司	FM97.1	
歡喜之聲廣播電臺（股）公司	FM105.5	
小太陽廣播電臺（股）公司	FM89.1	

中國廣播公司臺灣廣播電臺	AM720、AM837、AM1062、AM909、AM1413、AM1152、FM102.1、FM106.9、FM107.3、FM103.9、FM96.3	臺中
臺灣廣播公司中興廣播電臺	AM630（松嶺轉播站）、AM963（埔里轉播站）、AM1332	南投
南投廣播事業（股）公司	FM99.7	
省都廣播（股）公司	FM93.7	
山城廣播電臺（股）公司	FM90.7	
教育廣播電臺彰化分臺	AM1494、FM103.5	
關懷廣播（股）公司	FM91.1	
中部調頻廣播（股）公司	FM91.9	
霓友之聲調頻廣播（股）公司	FM97.3	
國聲廣播電臺	AM810、AM1179（二林轉播站）	

臺灣外島地區

電臺名稱	頻率
漢聲廣播電臺澎湖臺	AM846、AM1269、FM101.3
西瀛之聲廣播電臺（股）公司	FM90.5
澎湖風聲廣播電臺（股）公司	FM91.3
財團法人澎湖社區廣播事業基金會	FM89.7
澎湖事業廣播（股）公司	FM96.7
金馬之聲廣播電臺（股）公司	FM99.3

臺灣南部地區

電臺名稱	頻率
中國廣播公司嘉義廣播電臺	AM1035、AM1350、AM1467、FM103.1、FM104.3、FM696.1
正聲廣播公司嘉義廣播電臺	AM855、AM1260（朴子轉播站）
寶島廣播（股）公司	FM100.3
雲嘉廣播（股）公司	FM93.3
嘉雲工商廣播（股）公司	FM88.9
蘭潭之聲廣播（股）公司	FM90.9
北回廣播電臺（股）公司	FM91.7
嘉義之音廣播電臺（股）公司	FM91.3
嘉樂廣播事業（股）公司	FM92.3
正聲廣播公司雲林廣播電臺	AM675（北港轉播站）、AM1125
神農廣播（股）公司	FM99.5
新雲林之聲廣播電臺（股）公司	FM89.3
草嶺之聲廣播電臺（股）公司	FM89.7
濁水溪廣播電臺（股）公司	FM90.1
財團法人民生展望廣播事業基金會	FM90.5
中國廣播公司臺南廣播電臺	AM711、AM891、AM1296、AM1539
警察廣播電臺臺南臺	AM1314、FM104.9
漢聲廣播電臺臺南臺	AM693 FM101.3
建國廣播公司	AM801、AM954、AM1422
勝利之聲廣播公司	AM837、AM1188、AM756
財團法人中國無線電協進會電聲廣播電臺	AM1071
古都廣播（股）公司	FM102.5
臺南知音廣播（股）公司	FM97.1
人生廣播電臺（股）公司	FM89.5
愛鄉之聲廣播電臺（股）公司	FM90.7

新營之聲廣播電臺（股）公司	FM90.3
南都廣播電臺（股）公司	FM89.1
臺南之聲廣播電臺（股）公司	FM92.7
府城之聲廣播電臺（股）公司	FM91.1
自由之聲廣播電臺（股）公司	FM91.5
嘉南廣播電臺（股）公司	FM91.9
曾文溪廣播電臺（股）公司	FM89.9
凱旋廣播事業（股）公司	FM97.9
青春廣播電臺（股）公司	FM98.7
中國廣播公司高雄廣播電臺	AM864、AM909、AM1224、AM1449、AM1242、FM103.3、FM105.9、FM96.3
警察廣播電臺高雄臺	AM819、AM1116、FM93.1、FM104.9
高雄廣播電臺	AM1089、FM94.3
行政院農業委員會漁業署臺灣區漁業	AM738、AM1143、AM1593
復興廣播電臺高雄臺	AM594、AM846
教育廣播電臺高雄分臺	FM101.7
正聲廣播公司高雄廣播電臺	AM1008、AM1395（大寮轉播站）
漢聲廣播電臺高雄臺	AM1251（鳳　山）、AM1332、FM107.3
鳳鳴廣播公司	AM981、AM1161、AM882（澎湖轉播站）
成功廣播公司	AM1044
大眾廣播（股）公司	FM99.9
港都廣播電臺（股）公司	FM98.3
快樂廣播事業（股）公司	FM97.5
南臺灣之聲廣播（股）公司	FM103.9
金禧廣播事業（股）公司	AM1368
金聲廣播事業（股）公司	FM92.1

下港之聲放送頭廣播（股）公司	FM90.5
民生之聲廣播電臺（股）公司	FM89.7
高屏廣播電臺（股）公司	FM90.1
鄉土之聲廣播（股）公司	FM91.7
主人廣播電臺（股）公司	FM96.9
指南廣播電臺（股）公司	FM106.5

宜蘭花蓮臺東地區

頻率	電臺名稱	電臺定位	電臺特色	群眾設定	節目特色
FM 89.1	中原調頻廣播電臺（宜蘭小功率）	社區服務	深入地方文化，推行社區意識	社區居民	
	電臺網站			電臺電話	(039)558899
FM 89.7	後山廣播電臺（花蓮小功率）	資訊	閒娛樂、音樂、地方人文、社區公益等之服務	15至45歲之學生與年輕上班族群、商家	1.製做結合地區的環保、公益團體、商家企業等互相配合，為共同營造 2.秉持自製節目
	電臺網站	http://www.topradio.com.tw/topradio		電臺電話	(03)8322333
FM 89.9	北宜產業廣播電臺（宜蘭小功率）	社區服務	社區公益等之服務	學生與年輕上班族群	飛碟聯播網
	電臺網站			電臺電話	(03)9382650
FM 90.1	豐蓮廣播電臺（花蓮小功率）				
	電臺網站	http://www.felling901.com		電臺電話	(038)462901

FM 90.3	羅東廣播電臺（宜蘭小功率）		第九梯次一般電臺	
	電臺網站		電臺電話	*(039)556767*
FM 90.5	希望之聲廣播電臺（花蓮小功率）	資訊、社區服務	尊重族群，製作各族群節目	
	電臺網站		電臺電話	*(038)320463*
FM 90.7	宜蘭之聲（宜蘭小功率）	電臺電話*(039)330608*		
FM 91.3	太魯閣之音（花蓮小功率）	資訊社區服務	落實地方資訊、倡導社會福利觀念，宣傳花蓮觀光，提升生活品質	地區居民
	電臺網站		電臺電話	*(038)359-361*
	臺東知本廣播電臺（臺東小功率）	社區服務	反應民意，結合社區	
	電臺網站		電臺電話	*(089)351-376*
FM 91.5	太平洋廣播電臺（宜蘭小功率）	社區服務	地方社區公共服務之用	社區居民
	電臺網站		電臺電話	*(03)9612899*
FM 91.7	花蓮客家廣播電臺（花蓮小功率）		第十梯指定用途電臺	客家族群
	電臺網站		電臺電話	*(038)571980*

FM 91.9	蘭友 廣播電臺 （宜蘭小功率）		第九梯次		
	電臺網站			電臺電話	*(02)25779998*
FM 92.3	鄉親熱線 廣播電臺 （宜蘭小功率）		深度地方文化，報導當地精神	當地居民	製作「鄉親廣場」訪問當地鄉鎮市、民意代表等首長節目
	電臺網站			電臺電話	*(039)568568*
FM 92.5	蓮友 廣播電臺 （花蓮小功率）		第十梯指定用途電臺		
	電臺網站			電臺電話	*(02)29740677*
FM 97.1	宜蘭之聲中山 廣播電臺 （宜蘭中功率）	音樂	流行、本土類型	學生、婦女、農工團體	
	電臺網站			電臺電話	*(03)965-6633*
FM 97.9	噶瑪蘭 廣播電臺 （宜蘭中功率）				
	電臺網站			電臺電話	*(03)9958979*
FM 98.3	歡樂 廣播電臺 （花蓮中功率）				
	電臺網站			電臺電話	*(03)8344347*

FM 98.7	東民 廣播電臺 （屏東中功率）		第十梯次指定用途電臺		
	電臺網站			電臺電話	(089)236046
FM 99.5	東方 廣播電臺 （宜蘭中功率）				
	電臺網站			電臺電話	(03)9560077
FM 99.5	蘭嶼 廣播電臺 （臺東中功率）	資訊 社區服務	製作傳承達悟族的文化之節目	蘭嶼居民	1.節目以達悟族語為主 2.早上8點開播到下午5點
	電臺網站			電臺電話	(089)732073
FM 10.5.5	東山河 廣播電臺 （宜蘭中功率）				
	電臺網站			電臺電話	(039)565566

基隆桃竹苗地區各地廣播電臺狀況

頻率	電臺名稱	電臺定位	電臺特色	群眾設定	節目特色
FM 88.9	日日春 廣播電臺 （基隆小功率）	社區服務 關懷社區	舉辦製作關懷弱勢等節目，發揮社區服務電臺的功能 原：海洋之廣播電臺		導正社會風氣，製作關懷弱勢節目。

	電臺網站			電臺電話	02-2424-7799
	苗栗正義廣播電臺（苗栗小功率）		（第五梯開放電臺）		
	電臺網站			電臺電話	037-860-777
FM 89.1	新農廣播電臺（新竹小功率）	資訊類型	提供農友最新農業資訊，配合宣導政府農也宣導，並介紹客家文化	30～50歲勞工階級、家庭婦女、年輕人	1. 農業最新科技節目 2. 客家語言、及典故文化 3. 以客語占50%為主要語言、國語30%、臺語20%次之 4. 以星期六、日晚上七點以後，則以年輕族群為主要訴求目標
	電臺網站	http://musicfm.com.tw		電臺電話	03-5824789
FM 89.5	鄉音電臺（桃園小功率）	社區服務	協助創世基金會等公益團體宣傳，宣傳存好心做好事說好話為電臺理念	社區民眾	
	電臺網站			電臺電話	03-481-9900

FM 89.9	新竹勞工之聲（新竹小功率）	資訊類型	提供勞工朋友相關權益諮詢服務電臺	各行基層員、竹科工作基層員工	1. 勞工權益諮詢節目 2. 勞工民謠節目
	電臺網站	*http://www.hclabor.com.tw/*		電臺電話	*03-5961199*
FM 90.3	竹塹廣播電臺（新竹小功率）	社區服務	以臺語發聲的電臺第四梯開放電臺	中年齡層聽眾	全天候現場節目
	電臺網站			電臺電話	*035-200-099*
FM 90.5	天鳴電臺（苗栗小功率）	社區服務	（第五梯開放電臺）		
	電臺網站			電臺電話	*037-550-268*
FM 90.7	大新竹電臺（新竹小功率）	綜合資訊	音樂資訊型節目（第四階梯開放電臺）		1. 節目資訊性強 2. 結合社區，符合市場
FM 90.9	狸貓廣播電臺（苗栗小功率）	客家、文化、資訊、服務	社區服務電臺，以新聞、資訊、生活為節目製作宗旨	客家族群	報導當地新聞
	電臺網站			電臺電話	*037-370178*
FM 91.1	大溪廣播電臺（桃園小功率）	音樂、談話性	運用廣播關心弱勢群，藉由聽眾告知獨居老人處境，並關懷	社區民眾	1. 運用 *Call in* 讓聽眾與電臺之間對話，增加信任感 2. 運用電臺的

					號召力，參與新聞局「明天過後，一萬個希望」募款活動，展現社區廣播電臺對此活動的認同
	電臺網站			電臺電話	03-496-1489
FM 91.3	中港溪廣播電臺（苗栗小功率）	社區資訊、公共議題討論	參與公共事務議題，深入社會	苗栗地區一般聽眾	與臺北飛碟成立飛碟聯播網
	電臺網站			電臺電話	037-471495
FM 91.5	美聲廣播電臺（桃園小功率）	社區服務	參與地方，人文關懷	社區民眾	參與地方事務討論，營造地方社區總體意識
	電臺網站			電臺電話	
FM 91.7	客家文化廣播電臺（苗栗小功率）	社區電臺	製作客家文化為主要節目宗旨	苗栗地區客家族群	95%節目為客家發音主持人
	電臺網站			電臺電話	037-363-171
FM 91.9	鄉親廣播電臺（桃園小功率）	社區電臺	強調本土化，結合桃園當地書香活動發動書籍捐贈，結合社區發展	社區民眾	製作臺語節目，強調本土化，談地方文化、諺語、典故
	電臺網站			電臺電話	03-357-2770

FM 92.3	新苗 廣播電臺 （苗栗小功率）				
	電臺網站				
FM 92.7 (亞洲電臺) 臺北/桃園 FM 92.3 (亞太電臺) 新竹/苗栗	亞洲 廣播電臺 （桃園中功率）	音樂類型	偏重流行音樂	上班族、青少年	1. 以資訊節目為主 2. 偏重流行音樂節目
	電臺網站	*http://www.asiafm.com.tw*		電臺電話	*03-220-9207*
FM 93.5	新客家 廣播電臺 （桃園中功率）	資訊類型	發揚客家文化、傳承客家傳統	客家族群	製作客家文化童謠、傳統民俗之節目
	電臺網站			電臺電話	*03-4928-625*
FM 96.7	環宇 廣播電臺 （新竹中功率）	音樂類型	音樂資訊，定位為都會型電臺	上班族、學生、家庭主婦	1. 針對不同時段可能收聽者安排節目，運用不同類型音樂來區分受眾 2. 網路部分成立會員制度 3. 最新當地竹苗地區新聞

	電臺網站	http://www.turc967.com.tw/new/	電臺電話	03-543-9977
FM 97.1	大漢之音（苗栗中功率）	客家母語專業電臺與定位傳承母語客家文化電臺	製作深入在地文化，傳承客家文化與少數族群節目以及結合社區、社團、個人致力推動客家、原住民文化推動。第九梯客家母語專業電臺	1. 製作客家文化節目，並於5家電臺播出，涵蓋全臺5大客家庄 2. 關注少數族群，製作原住民文化節目 3. 每日18檔整點新聞播報為苗栗新竹當地新聞 4. 與15家電臺成立哈客網路廣播網（http://www.hakkaradio.net/）
	電臺網站	http://www.fm971.com.tw	電臺電話	037-667-971
FM 97.5	IC之音（新竹中功率）	科技財經與人文電臺科技財經與人文電臺	為多方面人文資訊電臺結合地方舉辦相關音樂藝術活動，並整合網路進行媒體整合傳播	主要訴求對象為中高階層知識分子，次為大學生	1. 以藝術界名人做為節目主持人如：杜黑等人 2. 有線上收聽服務，有會員制度 3. 為每個節目做文字稿說

				明以及節目推銷預告
	電臺網站	http://www.ic975.com	電臺電話	03-5163-975*111
FM 97.7	臺灣聲音廣播電臺（基隆中功率）	定位是個用臺與主持的商業性電臺	節目類型包含時事討論、新聞播報及休閒節目	主要聽眾年紀設定在30歲以上	1.時事討論，新聞報導及休閒節目 2.休閒類型中的音樂節目將會以播放臺語歌、日本歌及國語老歌等早期歌謠為主
	電臺網站		電臺電話	02-2562-6681
FM 98.3	大苗栗廣播電臺（苗栗中功率）	流行音樂電臺	流行音樂資訊	年輕上班族群、學生	1.與其他4家電臺成立Kiss聯播網 2.與15家電臺成立哈客網路廣播網（http://www.hakkaradio.net/）
	電臺網站	http://www.kiss.com.tw/	電臺電話	037-270-776
FM 99.3	新聲廣播電臺（新竹中功率）	資訊電臺	結合地方文化、新聞的電臺，讓民眾發聲的管道	新竹地區聽眾	結合政府宣導
	電臺網站	http://www.wugu99.com	電臺電話	03-527-8828

FM 101.1	山明水秀廣播電臺（桃園中功率）	原住民音樂電臺	以世界音樂、新世紀音樂、爵士藍調為其基調，而非以流行音樂作為播送主調聲頻	臺灣原住民族群	1. 請 20 位原住民頭目當電臺顧問，且請頭目們以雙語錄製充滿哲思的話語 2. 第一個原住民電臺
	電臺網站	http://		電臺電話	
FM 102.3	鴻聲廣播電臺（苗栗中功率）	社區服務	報導在地農業，在地新聞，傳統產業木雕報導，培育在地專業人才	苗栗地區聽眾 30 歲以上聽眾	企圖利用廣播活路地方經濟，促進人口回流
	電臺網站			電臺電話	037-3611-133
FM 102.5	北臺之聲廣播電臺（基隆中功率）	綜合娛樂性、音樂性	商業性電臺	10～50 歲	1. 以音樂、娛樂性強 2. 內製節目部約 60%
	電臺網站			電臺電話	
FM 107.1	桃園廣播電臺（桃園中功率）	音樂資訊綜合電臺	商業性電臺	25～55 歲聽眾，有消費能力	1. 音樂性節目加上服務性為主 2. 製作客家族群與
	電臺網站	http://www.tbcradio.com.tw/		電臺電話	03-451-5636

註：基隆地區：3 家中功率電臺 1 家小功率電臺
　　桃園地區：4 家中功率電臺 4 家小功率電臺
　　新竹地區：5 家中功率電臺 5 家小功率電臺
　　苗栗地區：3 家中功率電臺 6 家小功率電臺

臺中南投彰化雲林嘉義地區電臺

頻率	電臺名稱	電臺定位	電臺特色	群眾設定	節目特色
FM 88.9	嘉雲工商廣播電臺（嘉義小功率）	社區服務	持本土性、公益性、社區性電臺定位	社區民眾	致力推動體育活動，體育人才培訓
	電臺網站			電臺電話	052756630
FM 89.1	小太陽電臺（臺中／南投小功率）	綜合資訊	鎖定親子關係、親子話題	年齡層介於 25-45 歲	親子議題節目內容占相當大的比重，邀請專家、學者針對親子的互動、親子教育提出有效正確的相關資訊
	電臺網站	http://www.sunny891.com.tw/		電臺電話	04-2328-8891
FM 89.3	新雲林廣播電臺（雲林小功率）	社區服務	從原本社運電臺轉型為區服務性電臺	社區民眾	製作代書、青少年問題服務文化類的節目像是臺灣歌謠、農業漫談、臺灣音樂史、佛教世界
	電臺網站			電臺電話	05-59664521
FM 89.5	望春風廣播電臺（臺中小功率）	社區服務	做為社區活動的推展電臺	社區民眾	製作展現臺中特有文化節目
	電臺網站			電臺電話	04-2263-0297

FM 89.7	草嶺之聲 廣播電臺 （雲林小功率）	綜合、社區服務	製作社區服務類型節目為主結合社區推展活動	社區民眾	
	電臺網站			電臺電話	05-535-4524
FM 89.9	真善美 廣播電臺 （臺中小功率）	綜合資訊		一般大眾	為飛碟聯播網其中一員
	電臺網站			電臺電話	04-2366-8221
FM 90.1	濁水溪 廣播電臺 （雲林小功率）	商業電臺			
	電臺網站			電臺電話	05-633-9962
FM 90.3	山海屯 廣播電臺 （臺中小功率）	資訊生活			參與好事聯播網
	電臺網站			電臺電話	04-2532-4588
FM 90.5	民生展望 廣播電臺 （雲林小功率）	社區服務	落實地方公共服務	社區居民	
	電臺網站			電臺電話	04-253-46633
FM 90.7	山城 廣播電臺 （南投小功率）	商業電臺	自許為人本電臺	社區居民	
	電臺網站			電臺電話	049-239169
FM 90.9	蘭潭 廣播電臺 （嘉義小功率）	資訊綜合	增進生活品質，增進地方特色		製作地方深度及廣度新聞節目
	電臺網站			電臺電話	05-281-5182

FM 91.3	嘉義之音廣播電臺（嘉義小功率）	社區服務	深入社區生活，講求服務社區	社區民眾	1. 節目製作不支薪，全由社區支出
	電臺網站	*http://www.kagi913.com.tw*		電臺電話	*05-2778-632*
FM 91.5	中臺灣廣播電臺（臺中中功率）	綜藝、流行音樂	講求創新年輕電臺	學生、上班族	*24* 小時現場節目
	電臺網站	*http://www.hitfm.com.tw*		電臺電話	*04-2358-4451*
FM 91.7	北回廣播電臺（嘉義小功率）	資訊、農業	農業漁業專業電臺	農漁民	1. 每天定時播送漁業氣象 2. 製做農漁業新知 3. 促銷農漁產品鑫科技
	電臺網站			電臺電話	*05-371-6149*
FM 92.3	雲嘉廣播電臺（嘉義中功率）	社區服務	長期深入在地文化，報導在地新聞	雲嘉地區聽眾	長期栽培在地專業人才
	電臺網站			電臺電話	*05-2754-020*
FM 92.5	全球通廣播電臺（臺中／南投小功率）	社區服務	傳承客家文化	客家族群	製作推廣客家歌謠
	電臺網站			電臺電話	
FM 92.9	城市廣播電臺（彰化中功率）	音樂性電臺	定位為經典音樂電臺	*25～45* 歲上班族	為 *Goldfm* 聯播網的其中一員

	電臺網站	http://www.goldfm.com.tw/		電臺電話	02-226-00210
FM 93.3	雲嘉 廣播電臺 （嘉義中功率）	資訊性綜合	以清新、健康、鄉土為定位	上班族	
	電臺網站	http://www.fm933.com.tw/		電臺電話	05-2290-963
FM 93.7	省督 廣播電臺 （南投中功率）	資訊性綜合	深入在地各族群文化，加強地方連結，推展化運動。		1. 與在地布農及泰雅族結合，分享原住民文化 2. 首開日語帶狀節目 3. 網路電臺會員制度
	電臺網站	http://www.easyradio.com.tw/		電臺電話	049-2306-688
FM 96.9	天天 廣播電臺 （臺中中功率）				
	電臺網站			電臺電話	
FM 97.3	霞友 廣播電臺 （彰化中功率）	資訊、社區服務	配合在地公益慈善團體，舉辦宣傳公益活動	社區居民	在地新聞採取即時播送
	電臺網站			電臺電話	04-761-9035
FM 97.7	好家庭 廣播電臺 （臺中中功率）	古典音樂電臺	為中部地區專門播古典音樂之專業電臺	古典音樂聽眾	1. 除古典音樂外，製作爵士音樂 2. 以畫家的派別，來區分

				音樂節目的調性風格
	電臺網站	http://www.family977.com.tw/	電臺電話	04-2260-3977
FM 98.7	每日廣播電臺 SAKURA RA-DIO （彰化中功率）	文化資訊社區服務音樂	協助文化資產延續，節目鎖定了在地新聞、地方軼事、臺灣本土文化等多元化的內容。		臺灣地區唯一播放東洋歌謠的專業頻道
	電臺網站	http://www.fm987.com.tw/	電臺電話	04-237-12988
FM 98.9	正港廣播電臺 （嘉義中功率）	流行音樂	只有音樂陪伴，沒有 DJ 說話的電臺		1. 與蘋果線上，惟純屬音樂性電臺 2. 沒有主持人，只有流行音樂、廣告
	電臺網站			電臺電話	
FM 99.1	大千廣播電臺 （臺中中功率）	都會資訊電臺	定位為都會資訊最快電臺，播放時下流行音樂	一般大眾具消費能力	1. 跨媒體合作：TVBS-N、華視、中天新聞、民視新聞，同步連線 2. 透過 Hinet，進行線上收聽

	電臺網站	http://www.superfm99-1.com.tw/		電臺電話	04-2202-5000
FM 99.5	神農廣播電臺（雲林中功率）	農業專業電臺	以推廣農漁民的專業知識電臺，陪伴農漁民的工作的最佳夥伴	嘉南地區農友、漁友	1. 配合政府推動政令活動 2. 製做推廣農業新技術節目 3. 舉辦增進農漁業技術考察團
	電臺網站	http://www.fm995.com.tw/		電臺電話	05-632-3469
FM 99.7	南投調頻廣播電臺（南投中功率）	音樂資訊	強調音樂資訊並重的電臺	25歲上班族群、學生	為kiss聯播網的成員
	電臺網站	http://www.kiss997.com.tw/		電臺電話	04-2260-9997
FM 100.3	寶島廣播電臺（嘉義中功率）	資訊	回饋地方，製作市場取向節目		
	電臺網站			電臺電話	(05)277-4206
FM 100.7	臺中調頻廣播電臺（臺中中功率）	都會流行	結合臺中在地特色，製作符合鄉土文化，結合區域語言、人文、生活特質，確立音樂、新聞、本土化		晚上十一點以後不做青少年節目，以免影響青少年正常睡眠及生活作息時間

		之節目定位。廣告精緻化、純淨化、樹立電臺形象		
	電臺網站	*http://www.lucky7.com.tw*	電臺電話	*04-2232-32233*
FM 105.5	歡喜廣播電臺（彰化中功率）	資訊	閩南語專業電臺	本土文化擁護者、上班族、藍領階級	臺語娛樂性節目結合流行音樂
	電臺網站	*http://www.happy1055.com.tw*	電臺電話	04-2319-8898
FM 105.7	紫色姐妹廣播電臺（嘉義中功率）	資訊	打造平權新臺灣：無性別敵意、無城鄉差距	女性聽眾25歲以上	1. 為臺灣第一個以女性為主題的廣播生活頻道，提供聽眾全方位生活資訊 2. 製作從財經、政治等，女性弱勢議題切入節目
	電臺網站	*http://www.sister-radio.com*	電臺電話	05-636-3699
FM 106.1	臺中全國廣播電臺（臺中中功率）	商業綜合	介紹最新資訊與流行音樂		1. 與 *TVBSN* 合作同步晚間新聞 2. 發行全國好

					康報電臺月刊
	電臺網站	*http://www.mradio.com.tw/*		電臺電話	*04-2323-5656*
FM 106.5	指南廣播電臺（臺南小功率）	資訊	定位是親子資訊電臺	父母雙親	1. 製作兩性親子節目 2. 舉辦親子趣味活動
	電臺網站			電臺電話	*06-2808-987*
FM 107.1	嘉義環球廣播電臺（嘉義中功率）	資訊	第九梯次電臺		
	電臺網站			電臺電話	*05-275-1000*

臺南、高雄、屏東、恆春地區電臺

頻率	電臺名稱	電臺定位	電臺特色	群眾設定	節目特色
FM 88.9	金臺灣廣播電臺（屏東小功率）	社區服務	製作水產專業節目，提廠環保意識、關懷社區老人等關心社區議題節目	社區民眾	
	電臺網站			電臺電話	*07-3851889*
FM 89.1	南都廣播電臺（臺南小功率）	社區服務	融合文化、益智、社區等觀念。並加強服務臺南地方弱勢	社區民眾	製作客家之音、原住民節目「芃扎萊之聲」等弱勢族群節目

				族群，簡少隔閡。		
		電臺網站			電臺電話	
FM 89.3	南屏廣播電臺（屏東小功率）	社區服務			社區民眾	第四梯開放電臺
		電臺網站			電臺電話	07-7665030
FM 89.5	人生廣播電臺（臺南小功率）	社區服務	製作反應當地符合民情節目		雲嘉、臺南地區	
		電臺網站			電臺電話	06-6569511
FM 89.7	民生之聲廣播電臺（高雄小功率）	社區服務	製作提昇市民素質節目		高雄市基層社區民眾	全臺語發音
		電臺網站			電臺電話	07-3321101
FM 89.9	曾文溪廣播電臺（臺南小功率）	社區服務	發揚臺南在地特色			
		電臺網站			電臺電話	06-5810107
FM 90.1	高屏廣播電臺（高雄小功率）	流行音樂	提共最新的流行資訊，		年輕學生族群	製作青春校園錄，介紹南臺灣大專院校；還有製作特派記者與商家的新聞
		電臺網站	*www.hitfm.com.tw*		電臺電話	07-5542106
FM 90.3	新營之聲（臺南小功率）	社區服務	地方特色發揚，增進社區意識		社區民眾	
		電臺網站			電臺電話	066568605

FM 90.5	下港之聲（高雄小功率）	社區服務	強調電臺的草根性、以及服務勞動階層朋友	勞工階級朋友	節目製作走向為地方性具有草根、阿沙力的感覺
	電臺網站			電臺電話	
FM 90.7	愛鄉之聲（臺南小功率）	社區服務	服務鄉民，發覺社會問題，深入地方	社區民眾	
	電臺網站			電臺電話	065831426
FM 90.9	潮州之聲（屏東小功率）	社區服務	與里民互動，加強資源整合	潮州鎮鎮民	
	電臺網站			電臺電話	08-7893050
FM 91.1	府城之聲（臺南小功率）	社區服務	製作保健、法律等專業節目，替聽眾解答	社區民眾	
	電臺網站			電臺電話	06-2683738
FM 91.3	大武山廣播電臺（屏東小功率）	社區服務	強調在地性	林邊鄉鄉民	
	電臺網站			電臺電話	038-359321
FM 91.7	屏東鄉土廣播電臺（屏東小功率）	社區服務	關懷社區老人，族群融合	社區民眾	
	電臺網站			電臺電話	07-5361780
FM 91.9	雲嘉勞工廣播電臺	社區服務	發揮媒體善良面，照顧	社區民眾	

			弱勢團體，替他們發聲		
	電臺網站	*www.fm919.com.tw*		電臺電話	*06-2827915*
FM 92.1	金聲廣播電臺（高雄小功率）	綜合類型	固定舉辦公益活動，如捐血活動	社區民眾	節目全部為以閩南語播音
	電臺網站			電臺電話	*07-2265699*
FM 92.5	屏東之聲（屏東小功率）	社區服務	強調社區永續經營	社區民眾	
	電臺網站			電臺電話	*08-7362999*
FM 92.7	臺南之聲（臺南小功率）	社區服務	增強地方民眾在地意念	社區民眾	
	電臺網站			電臺電話	*06-3132418*
FM 93.7	領袖廣播電臺（臺南中功率）	社區服務			第九梯次一班性電臺
	電臺網站			電臺電話	*06-3361937*
FM 94.3	高雄廣播電臺（高雄大功率）	市府公營	服務族群，討論市政議題	大高雄地區民眾	閩、客、英、原住民、菲律賓、泰國等多國語言節目
	電臺網站	*www.kbs.gov.tw*		電臺電話	*07-5317183*
FM 96.9	主人之聲（恆春中功率）	綜合類型	討論時事，幫助弱勢團體廣告公益		
	電臺網站	*www.boss969.8d8d.net*		電臺電話	*07-7710969*
FM 97.1	臺南之音（臺南中功率）	音樂類型	強調以流行音樂當做主軸	年輕族群	

	電臺網站		www.kiss971.com.tw	電臺電話	06-3116999
FM 97.5	快樂廣播電臺（高雄中功率）	綜合類	適應高雄地區聽眾資訊，報導相關藝文消息	高雄地區聽眾	快樂廣播網（ETFM），為聯播網
	電臺網站			電臺電話	07-3354233
FM 97.9	凱旋廣播電臺（臺南中功率）	社區服務	強調在地精神，發揚臺南在地農業文化，堆廣農產品	社區居民	
	電臺網站			電臺電話	06-203-7979
FM 98.3	港都廣播電臺（高雄中功率）	流行資訊	與當地文化資訊共同脈動	上班族	為好事聯播網的成員
	電臺網站		www.bestradio.com.tw	電臺電話	07-2939983
FM 98.7	青春廣播電臺（臺南中功率）	流行音樂	純粹音樂與廣告結合的電臺		Appleline 蘋果線上合作，只播音樂不說話的電臺
	電臺網站			電臺電話	06-2808987
FM 99.1	陽光廣播電臺（高雄中功率）	資訊音樂	跨越高屏地方，揉和都會鄉村的差距。	高屏地區民眾	運用音樂、資訊加上故事作銜接，製作可揉合鄉村都會差距的節目
	電臺網站			電臺電話	07-5666-855

FM 99.9	大眾廣播電臺（高雄中功率）	流行音樂	提供時下最新資訊，並成立聯播網	15歲～39歲聽眾	
	電臺網站	www.kiss.com.tw		電臺電話	07-3365888
FM 102.5	古都廣播電臺（臺南中功率）	綜合類	結合都會與傳統特質	臺南地區聽眾	白天以閩南語播音，晚上六點之後改為國語播音
	電臺網站	Wwwfm1025.com.tw		電臺電話	06-2896333
	電臺網站			電臺電話	
FM 103.9	南臺灣之聲廣播電臺（高雄中功率）	綜合類型	都會、資訊類型電臺		與飛碟聯播網成員
	電臺網站			電臺電話	07-5351749
FM 106.7	高屏溪廣播電臺（屏東中功率）	社區服務	定位為客家、原住民母語電臺，製作母語節目，重視弱勢族群		
	電臺網站			電臺電話	07-651-0383

澎湖金門馬祖地區

頻率	電臺名稱	電臺定位	電臺特色	群眾設定	節目特色
FM 89.7	澎湖社區廣播電臺（澎湖小功率）	綜合	積極參與地方文化觀光活動推銷澎湖	澎湖當地聽眾	1. 為流行資訊音樂節目 2. 製做在地新聞

	電臺網站			電臺電話	(06)9270802
FM 90.5	西瀛之聲 （澎湖小功率）	電臺電話	(06)9265531		
FM 91.3	澎湖風聲 廣播電臺 （澎湖小功率）	資訊新聞	節目資訊新 聞化	澎湖當地 民眾	採訪製作當地 新聞
	電臺網站			電臺電話	(06)9218111
FM 92.9	太武之春 （金門中功率）				
	電臺網站			電臺電話	(082)322929
FM 96.7	澎湖 廣播電臺 （澎湖中功率）				
	電臺網站			電臺電話	(06)9218400
FM 98.5	馬祖生活 廣播電臺 （馬祖中功率）	社區資訊	定位為社區 資訊電臺	馬祖居民	
	電臺網站			電臺電話	0836-26989
FM 99.3	金馬之聲 （金門小功率）	資訊	整合同性職 電臺及島與 資源		唯一主動顧及 國軍民營電臺
	電臺網站			電臺電話	(082)322121

附錄二

舊電臺

更新日期：民國 94 年 6 月 1 日

電臺名稱	電臺地址	電臺負責人	主要收聽頻	聯絡電話
中國廣播股份有限公司臺北總臺（大功率）	臺北市松江路三七五號 7 樓	趙守博 董事長兼總經理 李慶平 節目部經理 馮小龍 新聞部經理	AM657 AM954 AM747 FM103.3 FM105.9 FM96.3（竹子山、金門轉播站）	(02)25005507 (02)25019688 轉 9 傳真 (02)25018545 (02)25018631
中國廣播股份有限公司臺東廣播電臺	臺東市桂林北路五十二巷二十三號	傅素絹　臺長	AM819 AM1008 FM106.9 FM96.3 FM102.1 FM103.9	(089)322074 傳真 (089)324910
中國廣播股份有限公司臺南廣播電臺	臺南市永華路二段二四八號二十九樓之五	吳貞慧　臺長	AM1296 新聞網 AM711 鄉親網 AM1539 資訊網 AM891 地方臺	(06)2988560 傳真 (06)2988244

中國廣播股份有限公司臺灣廣播電臺	臺中市忠明南路七五八號三十五樓	陳振欽　臺長	AM720 AM837 AM1242 AM1413 AM1152 FM106.9 FM103.9 FM107.3 FM102.1 FM96.3	(04)22653366-201 傳真 (04)22653399
中國廣播股份有限公司宜蘭廣播電臺	宜蘭縣壯圍鄉古結路八號	許季玲　臺長	AM1404,1161 FM96.1,102.1, 102.9, 103.9	(039)382173 傳真 (039)383293
中國廣播股份有限公司花蓮廣播電臺	花蓮市水源街二十五號	吳晶晶　臺長	AM855,1386 AM1188,1116 FM102.1, 106.9,96.3 FM105.7, 103.3	(038)322095 (038)322115 傳真 (038)344005
中國廣播股份有限公司苗栗廣播電臺	苗栗市高苗里中山路一〇〇八巷七十八號	陳振欽　臺長	AM1413 AM1161 FM96.1,101.5, 102.9	(037)320404 傳真 (037)337224
中國廣播股份有限公司高雄廣播電臺	高雄市前鎮區中山二路九十一號二十四樓之一	傅素絹　臺長	AM864 1224 AM909 FM103.3, 96.3 FM105.9	(07)3322889-112 傳真 (07)3324538

中國廣播股份有限公司新竹廣播電臺	新竹市東光路五十五號九樓之三	張中嘉　臺長	AM882 AM1017	(035)712276 (035)712358 傳真 (035)718513
中國廣播股份有限公司嘉義廣播電臺	嘉義市吳鳳南路一二一號	張正杰　臺長	AM1350 新聞網 AM1035 鄉親網 FM103.1 音樂網 FM104.3 寶島網 FM96.1 流行網	(05)2272190 傳真 (05)2235310
中華廣播股份有限公司（中功率）	臺北縣三重市河邊北街二三六號六樓	李明鷺　董事長	AM1233（瑞芳轉播站） AM 1350 AM 1026	(02)29728888 傳真 (02)29770168
中聲廣播事業股份有限公司（中功率）	臺中市光復路一三四號	黃鴻恩　董事長 陳飛鶯　臺長	AM864	(04)22223436 傳真 (04)22238948
天南廣播股份有限公司（中功率）	臺北市杭州南路二段三十一號	李凡 董事長兼總經理 楊春喜 副總經理	AM999	(02)23419558 (02)23515384 傳真 (02)23972488
天聲廣播股份有限公司（中功率）	苗栗縣竹南鎮公義路二八五號	劉玉容　董事長 侯明和　臺長	AM1314 AM1215 蓬山轉播站 AM1026 苑裡轉播站	(037)622744 (037)624869 傳真 (037)627677

臺北國際社區廣播電臺（大功率）	臺北市松江路三七三號二樓	張安平　董事長葉文立　臺長	FM100.7 100.1	(02)25184899 傳真 (02)25183666
臺北廣播電臺（大功率）	臺北市中山北路三段六十二號之二	葛健生　臺長	FM93.1 AM1134	(02)25940038 (02)25929532 傳真 (02)25962115
臺灣廣播股份有限公司中興廣播電臺	南投縣草屯鎮芬草路二五八之一號	孫正明　臺長	AM963 AM630 松嶺轉播臺 AM1332 埔里轉播臺	(049)333319 (049)333369 傳真 (049)313472
臺灣廣播股份有限公司臺中廣播電臺	臺中縣大雅鄉橫山村永和路六甲巷一之六號	田黎雯　臺長	AM774	(04)25603399 傳真 (04)25604489
臺灣廣播股份有限公司臺北總臺（大功率）	臺北市重慶南路三段二十一號十一樓	馬長生　總經理陳星光　臺長	AM1170 關西轉播臺 AM621 大溪轉播臺	(02)23518001-6 傳真 (02)23216155
臺灣廣播股份有限公司臺北臺	臺北市水源路八十九號四樓		AM1323 AM1188	(02)23693319 轉 17 傳真 (02)23216155
臺灣廣播股份有限公司新竹廣播電臺	新竹市高峰路五〇六巷二號	馬維楓　臺長	AM1206 AM810	(035)223046 傳真 (035)226306

正聲廣播股份有限公司（大功率）	臺北市重慶南路一段六六之一號七樓	楊天長　董事長 龐慰農　總經理	AM819	(02)23617231 傳真 (02)23715665
正聲廣播股份有限公司臺中廣播電臺	臺中縣大里市中興路二段七六〇號	婁偉鋼　臺長	AM990 AM657	(04)24873103-13 傳真 (04)24860133
正聲廣播股份有限公司臺東廣播電臺	臺東市新生路三八〇巷二一號	張正義　臺長	AM1269	(089)352288 (089)322644 傳真 (089)340871
正聲廣播股份有限公司宜蘭廣播電臺	宜蘭市建軍路四十五號	王雁臺　臺長	AM1062	(039)322414 傳真 (039)322307
正聲廣播股份有限公司高雄廣播電臺	高雄縣鳥松鄉澄清湖澄清路八三八號	翁傳王　臺長	AM 1008 AM 1395　大發（轉）	(07)7316025 臺長室 (07)7316030 節目部 傳真 (07)7322468
正聲廣播股份有限公司雲林廣播電臺	雲林縣虎尾鎮水源路十號	鍾五桂　臺長	AM1125 AM675 北港（轉）	(056)322381 (056)322055 傳真 (056)335278
正聲廣播股份有限公司嘉義廣播電臺	嘉義市垂楊路十七號	張正國　臺長	AM855 AM1260 朴子（轉）	(05)2224100 (05)2224900 傳真 (05)2282570

民本廣播股份有限公司（中功率）	臺北市環河南路三段三二五號六樓	呂美珠　董事長	AM1296 AM855	(02)23013195-24 傳真 (02)23034701
民立廣播股份有限公司（中功率）	屏東市民生路五七之二十號	張河川　董事長 張　榔　臺長	AM1062 AM1287 枋寮 （轉）	(08)7231919 (08)7231936 傳真 (08)7231103
先聲廣播股份有限公司（中功率）	桃園市中山路五〇五號十六樓之一	陳雲霞　董事長 馮俊華　副總經理	AM774 (03)3361969	傳真 (03)3361850
成功廣播股份有限公司（中功率）	高雄市中華三路六三號	陳金坤　臺長 陳友京　董事長 陳全斌　總經理 李乾祥　副總經理	AM1044	(07)2311118 (07)2311119 (07)2311110 傳真 (07)2722847
行政院農業委員會漁業署臺灣區漁業廣播電臺（大功率）	高雄市前鎮區漁港北二路五號	王招群　臺長	AM738 AM1143 AM1593	總機(07)8415061 8210293-30 節目課 8410561-30 節目課 傳真 (07)8119161
建國廣播股份有限公司（中功率）	臺南縣新營市建國路七八號	周進升　董事長 黃益彰　總經理 周世博　臺長	AM954 AM801 新化轉播臺 AM1422 觀音轉播臺	(06)6322379 傳真 (06)6355138

益世廣播電臺（中功率）	基隆市七堵區百三街七五號	王愈榮　董事長 蔡征一　臺長	AM1404	(02)24511758 (02)24511458 (02)24517001 　24521315 傳真 (02)24515180
財團法人中央廣播電臺（大功率）	臺北市北安路五五號	周天瑞　董事長 葛士林　總臺長	AM 603, 1008, 900, 1098, 747, 1422, 585, 927, 1521, 1206SW 淡水 11775,11550 1940, 7105, 6180 虎尾 11970, 6085 11905,15280 11550,7250, 7150 9630 褒忠 17720, 11725 15125, 9765 15345, 9280 17890, 17775 11825,5980, 7445 51520,7295, 9730 11885, 15425 7285,9610, 15270	(02)28856168 節目部傳真 (02)28852315

			口湖 *3335, 6040, 9690* 民雄 *747, 1206, 1422* *7130* 臺南 *15370, 11860* *11745, 11570* *9610, 11915* *9765, 9955, 15365* *11845, 9510* *15235* （共 *51* 個）	
財團法人中國無線電協進會電聲廣播電臺（小功率）	臺南市林森路一段一四九號之十五樓之十一	胡興中　董事長 李明鷺　總經理 張永昇　臺長 許其川　副臺長	*AM1071*	*(06)2157524* 工程部 *(06)2381262-3* 傳真 *(06)2381264*
高雄廣播電臺（大功率）	高雄市鼓山區新疆路九十號	高光海　臺長	*FM94.3* *AM1089*	總機 *(07)5317183-5* *5317183-111* 臺長 *5317183-112* 副臺長 *5317183-121* 節目組長 *5320269* 節目組傳真 *5321759 5320269*

漢聲廣播電臺臺北總臺（大功率）	臺北市中正區信義路一段三號五樓	王光遠　總隊長 羅紹和　臺長	FM106.5 AM684 AM936 AM1116 AM693 （桃園）	(02)23215191 (02)23215053 傳真 (02)23930970
國防部政治作戰總隊	北投郵政90031號信箱			
國聲廣播電臺（中功率）	彰化市溫泉路三五號	蔡玲 董事長兼總經理 朱世雲　臺長	AM810 AM1179二林 轉播站	(04)7288105 傳真 (04)7234246
基隆廣播股份有限公司（小功率）	基隆市忠四路十三號十二樓	王東山　董事長 王東隆　臺長	AM792	(02)24283321 (02)24247552 傳真 (02)24282246
教育廣播電臺臺中臺	臺中市振興路一七八號	李承中　臺長	FM104.5 AM1287 AM1089（雲林）	(04)22110473 傳真 (04) 22129243
教育廣播電臺臺北總臺（大功率）	臺北市南海路四一號	陳克允　臺長	FM101.7 AM1494	(020)23886512臺長 (02)23880600　總機 傳真 (02) 23752388
教育廣播電臺臺東分臺	臺東市勝利街七六巷三十號	劉俊輝　臺長	FM102.9 FM100.5	(089)324110 (089)352282 (089)570733 傳真 (089)328690

教育廣播電臺臺南臺	臺南縣永康鄉復興路一三九號	曾暉　臺長	FM101.3 AM693	(06)3124660 (06)3127611 傳真 (06)3134594
教育廣播電臺花蓮分臺	花蓮市東興路四五七號	黃素員　臺長	FM97.3 FM103.7 FM100.3 （玉里轉播站）	(038) 225625 傳真 (038)225771
教育廣播電臺彰化分臺	彰化市虎崗路五之一號	成志雄 代理分臺長	FM103.5 AM1494	(04)7283488 (04)7244185 傳真 (04)7248124
教育廣播電臺高雄分臺	高雄市廣東三街三八〇號	李東興　臺長	FM101.7	(07)7239894 (07)7235040 節目室 傳真 (07)7110032
勝利之聲廣播股份有限公司（小功率）	臺南市健康路一段二二號	李元華　董事長 李明威　總經理 袁忠松　副總經理 蘇信夫　臺長	AM837 AM1188 AM756	(06)2157524 (06)2223653 傳真 (06)2157529
復興廣播電臺臺中臺	臺中市南屯區春社里中臺路八一號	桂冠傑　臺長	FM107.8 AM594 AM1089	(04)23893683 (04)23892509 傳真 (04)23824523
復興廣播電臺臺北總臺（大功率）	臺北市中山北路五段二八〇巷五號	趙顯義　總臺長	AM558　909 1089 AM594	(02)28823450-3 節目科轉101, 102 傳真 (02)28818218

復興廣播電臺高雄臺	高雄縣鳥松鄉澄清路八一九號	邱義仁　臺長	AM594 846	(07)3702540 傳真 (07)3706613
華聲廣播股份有限公司（中功率）	臺北市士林區華聲街十八號	張昭泰 董事長兼總經理 張錦雲　臺長	AM1152 AM1224	(02)28315127-16 節目部 (02)28315127-25 傳真 (02)28336458
漢聲廣播電臺花蓮臺	花蓮市中正路六四三號（誠正營區）	葛葆薰　臺長	FM104.5 AM1359 AM792 FM107.3（玉里） FM105.3（臺東）	(038)334872 (038)324582 傳真 (038)347482
漢聲廣播電臺高雄臺	高雄市左營區明德新村四十號	張利德　臺長	FM107.3 AM1251（鳳山） AM1332	(07)5835685 (07)5870559 節目部 傳真 (07)5812160 (07)5837241
漢聲廣播電臺澎湖臺	澎湖縣馬公市莒光營區	蔡其城　臺長	FM101.3 AM846 AM1269	(06)9273210 (06)9277100 傳真 (06)9264725
鳳鳴廣播股份有限公司（中功率）	高雄市九如二路四九二號	楊秀鳳　董事長 周文德　總經理	AM1161 AM981 AM882 澎湖轉播臺	(07)3126133-5 傳真 (07)3220971

燕聲廣播電臺股份有限公司（中功率）	花蓮縣吉安鄉東昌村南濱路一段三一號	莊坤元　董事長 吳明珠　臺長	AM1044 AM1242	(038)537641-43 傳真 (038)537640
警察廣播電臺臺中臺	臺中市博愛街九九號	周玉玫　臺長	FM105.1 FM94.5 AM702	(04)2511911-#52 (04)2527162 (04)2597178 傳真 (04)2544415
警察廣播電臺臺北總臺（大功率）	臺北市廣州街十七號	趙鏡涓　總臺長	FM104.9 FM94.3 （交通臺） AM1260	(02)23888099　總機 節目課轉5100 傳真 (02) 23890656
警察廣播電臺臺南臺	臺南縣麻豆鎮南勢里八五之二一號	林永沛　臺長	AM1314 FM104.9	(06)5715428 傳真 (06)5715427
警察廣播電臺宜蘭臺	宜蘭市吳沙街一一〇號	林志誠　臺長	AM990 FM101.3	(039)281116 傳真 (039)284012
警察廣播電臺花蓮臺	花蓮市府前路二一之二號	王振武　臺長	FM101.3 FM94.3 （交通臺） AM990 FM106.5	(038)228801 (038)234123 (038)234100
警察廣播電臺高雄臺	高雄市博愛四路四五五號	林維崑　臺長	FM104.9 FM93.1 （交通臺）	(07)3590000-6600 (07)3590000-6610 (07)3450333 服務

			AM1116 AM 819 （交通臺）	臺 傳真 (07)3451122 　　3492123
警察廣播電臺新竹臺	新竹縣竹北市嘉興路一之一號	林琳　臺長	FM105.1 AM1116 AM1512	(03)5500301~100 傳真 (03) 5503065

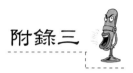

一至十梯次取得廣播執照之新電臺

第一梯次調頻中功率電臺聯絡電話及住址

電臺名稱	電臺地址	電臺負責人	主要收聽頻率	聯絡電話
人人廣播股份有限公司（中功率）	臺北市南京東路五段一〇八號六樓	孫國祥　董事長 倪蓓蓓　總經理	FM98.9	(02)66001989 傳真 (02)87681995
大眾廣播股份有限公司（中功率）	高雄市前鎮區民權二路六號三十四樓	袁韻婕　董事長	FM99.9	(07)3365888-102 傳真 (07)3364931
古都廣播股份有限公司（中功率）	臺南市中華東路二段七十七號十五樓之一	廖浤書　董事長 白汐榮　總經理	FM102.5	(06)2896333 傳真 (06)2895707
臺中廣播股份有限公司臺中調頻電臺（中功率）	臺中市西區臺中港路一段三四五號二十一樓	劉專真　董事長	FM100.7	(04)23232233 傳真 (04)2329-9599
臺北之音廣播股份有限公司（中功率）	臺北市杭州南路一段十五之一號十樓B室	殷琪　董事長 梁秩倫　總經理	FM107.7	(02)23957255-214 傳真 (02)23947855
臺灣全民廣播電臺股份有限公司（中功率）	臺北市羅斯福路二段一〇二號二十五樓之一	張襄玉　董事長	FM98.1	(02)83692698 傳真 (02)83692399

正聲廣播股份有限公司臺北調頻臺	臺北市重慶南路一段六六之一號七樓	楊天長　董事長 龐慰農　總經理	FM104.1	(02)23617231 傳真 (02)23930970
全國廣播股份有限公司（中功率）	臺中市中港路二段一之十八號十樓之一	沈韋良　董事長 林俊杰　總經理 兼臺長	FM106.1	(04)23235656-131 傳真 (04)3231199
每日廣播事業股份有限公司（中功率）	臺中市西區五權路一之六十七號七樓之一	周世惠　董事長 謝春湖　臺長	FM98.7	(04)23712988 傳真 (04)23712999
東臺灣廣播股份有限公司（中　功　率）	花蓮市中興路五十五號	莊益承　董事長 林景川　總經理	FM107.7	(038)224816 傳真 (038)224822
桃園廣播電臺股份有限公司（中功率）	桃園縣中壢市中華路一段八五九號九樓	莊秋昭　董事長	FM106.9	(03)4515636-42 傳真 (03)4515852
神農廣播股份有限公司（中功率）	雲林縣虎尾鎮北平路二三四號十樓	王柏鐺　董事長 兼臺長	FM99.5	(05)6323469 傳真 (05)6338603
新聲廣播股份有限公司（中功率）	新竹市建中一路三十七號十九樓之一（鴻儒天下大樓）	吳南杰　董事長 兼臺長 郭永福　總經理	FM99.3	(03)5728828 5728659 Fax(035)728659

第二梯次調頻中功率電臺聯絡電話及住址

電臺名稱	電臺地址	電臺負責人	主要收聽頻率	聯絡電話
大千廣播電臺股份有限公司（中功率）	臺中市學士路八十三號九樓	賴茂州　董事長	FM99.1	(04)22025000 傳真 (04)22023000
大苗栗廣播股份有限公司（中功率）	苗栗縣苗栗市上苗里站前一號十六樓之三	廖偉傑　董事長	FM98.3	(037)270776 傳真 (037)270745
臺北愛樂廣播股份有限公司（中功率）	臺北市東興路四七號七樓	張平　董事長	FM99.7	(02)87683399 傳真 (02)87683397
快樂廣播事業股份有限公司（中功率）	高雄市苓雅區三多四路六十三號八樓之三	蔡方珠　董事長	FM97.5	(07)3350553 節目部： (07)3350553-21 傳真 (07)3350551
南臺灣之聲廣播股份有限公司（中功率）	高雄市苓雅區新光路三八號三八樓之一	林進興 董事長兼經理	FM103.9	(07)5351749 (02)23668321 傳真 (07)3479855 傳真 (02)23697308
南投廣播事業股份有限公司（中功率）	臺中市南區忠明南路七六〇號三十七樓A1	劉慕緹　負責人	FM99.7	(04)22609997 傳真 (04)22609977

港都廣播電臺股份有限公司（中功率）	高雄市三民區民族一路八○號三十四樓之一	倪蓓蓓　董事長	FM98.3	節目部：(07)3929983-轉208傳真
綠色和平廣播股份有限公司（中功率）	臺北縣三重市重新路四段九七號十四樓之一	顏瓊章　董事長	FM97.3	(02)29730409傳真(02)29730317
環宇廣播事業股份有限公司（中功率）	新竹市經國路一段六七五號六樓之三	劉鎮崇　負責人	FM96.7	(03)5439977Fax:035437299
寶島廣播股份有限公司（中功率）	嘉義市東區文雅街二八七號十二樓之一	張淑修　董事長	FM100.3	(05)277-4206傳真(05) 2767521
蘭陽廣播股份有限公司（中功率）	宜蘭縣五結鄉中正路三段一八六號十二樓	張河山　董事長	FM107.3	(03)965-6633傳真(03)965-4333

第三梯次調幅電臺聯絡電話及住址

電臺名稱	電臺地址	電臺負責人	主要收聽頻率	聯絡電話
臺灣區漁業廣播電臺	高雄市前鎮區漁港北二路五號	陳清良　負責人王招群　臺長	AM738AM1143	(07)8415061
金禧廣播事業股份有限公司（大功率）	高雄市裕誠路一○九一號十二樓	徐昌齡　董事長	AM1368	(07)5538008傳真(07)5536903

第四梯次調頻中功率電聯絡電話及住址

電臺 名稱	電臺地址	電臺負責人	主要收 聽頻率	聯絡電話
臺南知音廣播股份有限公司（中功率）	臺南縣永康市中華路一之一一九號十八樓	許蕙玲　董事長	FM97.1	(06)3116999 傳真 (06)3138124
好家庭廣播股份有限公司（中功率）	臺中市忠明南路七八九號三十七樓	高鈺　董事長	FM97.7	(04)22613000-9 (04)22636360 （臺長） 傳真 (04)22636433 22636463
亞洲廣播股份有限公司（中功率）	桃園市中平路一〇二號二十二樓	郭來貢　董事長 郭懿堅　總經理	FM92.7	(03)2209207-133 傳真 (03)2208729
宜蘭之聲中山廣播股份有限公司（中功率）	宜蘭縣羅東鎮公正路二八九號之三號十二樓	蕭秀碧　董事長	FM97.1	(039)514675-11 傳真 (039)514853
金聲廣播電臺股份有限公司（中功率）	高雄市苓雅區光華一路二〇六號二十五樓	郭米村　董事長	FM92.1	(07)2265699 傳真 (07)2267768
省都廣播股份有限公司（中功率）	南投縣草屯鎮芬草路二三三號	徐緒珍　董事長	FM93.7	(049)2306688 傳真 (049)2306689
飛碟廣播股份有限公司（中功率）	臺北市中正區羅斯福路二段一〇二號二十五樓	趙少康　董事長	FM92.1	(02)23636600-355 (02)2366-8356 陳祥義組長（夜） (02)2366-8361 徐

				燊芳組長（日）傳真 *(02)23673083*
財團法人蘭嶼廣播電臺（中功率）	臺東縣蘭嶼鄉紅頭村漁人一四七號	陳宇嘉　負責人 董恩慈　臺長 廖振東　副臺長	*FM99.5*	*(089)732073*轉 *203、204*傳真 *(089)732269*
雲嘉廣播股份有限公司（中功率）	嘉義市中山路六一七號九樓	翁順福　董事長	*FM93.3*	*(05)2779894*傳真 *(05)3107933*
新客家廣播事業股份有限公司（中功率）	桃園縣平鎮市環南路四一一號十六樓之一	羅能平　董事長	*FM93.5*	*(03)4928625* *(02)25019326*　劉美玉 傳真 *(03)4928642*

第四梯次調頻小功率電臺聯絡電話及住址

電臺名稱	電臺地址	電臺負責人	主要收聽頻率	聯絡電話
人生廣播電臺股份有限公司（小功率）	臺南縣新營市民治路七十八之十六號	蔡啟　董事長 蔡河壽　總經理	*FM89.5*	*(06)6569511*傳真 *(06)6569513*
下港之聲放送頭廣播股份有限公司（小功率）	高雄市新興區德順街十一號	朱莉　臺長	*FM90.5*	*(07)2267777*傳真 *(07)2260093*
大武山廣播電臺股份有限公司（小功率）	屏東縣林邊鄉中山路三六一號十五樓	蔡福生　董事長	*FM91.3*	*(08)8756450*傳真 *(08)8756490*

大新竹廣播股份有限公司（小功率）	新竹縣竹北市縣政九路一四九號八樓	王建業 董事長總經理臺長	FM90.7	(03)5538909 羅小姐 傳真 (03)5538807 王董 0939788099
大溪廣播股份有限公司（小功率）	桃園縣楊梅鎮青山五街二十一號十樓之十五、十六	蔡臺萍 負責人	FM91.1	(03)4961489 (02)25626680 FAX(03)4961450 0937-058059
女性生活廣播股份有限公司（小功率）	臺北市杭州南路一段十五之一號十樓	張章得 董事長	FM91.7	(02)33938596 林小姐 傳真 (02)33937972
山城廣播電臺股份有限公司（小功率）	南投市仁政街二十三巷四十九號	林光演 董事長 孫玉珍 總經理	FM90.7	(049)2239169 傳真 (049)2200269
山海屯青少年之聲廣播股份有限公司（小功率）	臺中縣潭子鄉中山路二段一三五號十樓之一	倪茜茜 董事長	FM90.3	(04)25346633 (04)23524488 傳真 (04)25357911
中臺灣廣播電臺股份有限公司（小功率）	臺中市臺中港路三段一二三號五樓之五	段鐘泗 董事長	FM 91.5	(04)23584451 傳真 (04)23584478
中部調頻廣播股份有限公司（小功率）	彰化縣和美鎮彰美路六段十九之九號九樓	張芝嘉 董事萇	FM91.9	(04)7567005 傳真 (04)7567381

日日春廣播股份有限公司（小功率）	基隆市仁愛區南榮路二十二號十五樓之三	丁元宏　董事長	FM88.9	(02)24247799 傳真 (02)24246622
北回廣播電臺股份有限公司（小功率）	嘉義縣太保市前潭里後潭一八八之二十八號七樓之二	黃炳村　董事長	FM91.7	(05)3716149 傳真 (05)3716343
臺東之聲廣播電臺股份有限公司（小功率）	臺東縣臺東市四維路三段十一號十五樓	陳仁園　董事長	FM89.7	(089)320016 傳真 (089)347530
臺南之聲廣播電臺股份有限公司（小功率）	臺南縣永康市小東路六八九之九八號十九樓	林天得　董事長 謝錦川　臺長	FM92.7	(06)3122481 傳真 (06)3132490
民生之聲廣播電臺股份有限公司（小功率）	高雄市前鎮區文橫三路七號	梁益誠　董事長 黃東榮　臺長	FM89.7	(07)3321101 傳真 (07)3321102
全景社區廣播電臺股份有限公司（小功率）	臺北市中正區黎明里忠孝西路一段四號十三樓	林和雄　負責人 黃明哲　臺長	FM89.3	0919770408（楊小姐） 0953368100（邱小姐） (02)2759-6262 傳真 (02)2314-1806
竹塹廣播股份有限公司（小功率）	新竹市東香里新香街三五○號八樓	洪維謙　負責人 洪維謙　臺長	FM90.3	(035)208878 傳真 (035)208393

自由之聲廣播電臺股份有限公司（小功率）	臺南縣仁德鄉後壁村德善路二五一巷七弄六號八樓之四	陳德川　負責人	FM91.5	(06)2493769 0931836448 陳順群 (FAX)(06)2493768
西瀛之聲廣播電臺股份有限公司（小功率）	澎湖縣馬公市光復里海埔路三十五號一樓	陳定國　董事長 王繼正　臺長	FM 90.5	(06)9265531 王小姐、洪組長 王臺長： 0921589887 傳真 (06)9265539
亞太廣播股份有限公司（小功率）	桃園市中平路一〇二號二十二樓	郭懿新　董事長	FM92.3	(03)2206749
宜蘭之聲廣播電臺股份有限公司（小功率）	宜蘭市宜中路七十九巷十一號十二樓	陳正忠　董事長	FM90.7	(039)330608 傳真 (039)332727
宜蘭鄉親熱線廣播電臺股份有限公司（小功率）	宜蘭縣羅東鎮興東南路一八八號七樓之二	莊玟輝　董事長	FM92.3	(039)568568 傳真 (039)545269
府城之聲廣播電臺股份有限公司（小功率）	臺南市林森路一段一四九號二〇樓之八	康銀壽　董事長 康銀壽　臺長	FM91.1	(06)2383738 傳真 (06)2381941
金臺灣廣播電臺股份有限公司（小	聯絡地址：高雄市三民區大昌二路一二一	張天賜　董事長	FM88.9	(07)3851889 (08)8333931 傳真

	之八號五樓 屏東縣東港鎮 興東里興東路 二〇六號七樓			(08)8331851 (07)3810910
南屏廣播股份有限公司（小功率）	屏東市中山路一八七號十一樓	洪翠蓮　董事長	FM89.3	(08)7665030 傳真 (08)7329409
南都廣播電臺股份有限公司（小功率）	臺南市小東路二四六號二十四樓之一	黃昭凱　董事長	FM89.1	(06)2086575 傳真 (06)2086576
屏東之聲廣播電臺股份有限公司（小功率）	屏東市建興南路十四號十六樓之四	李崑富　董事長	FM92.5	(08)7362999 傳真 (08)7371515
美聲廣播股份有限公司（小功率）	桃園市中平路九十八號十七樓之二	洪璽曜　董事長	FM91.5	(03)2209737 　　2209757 傳真 (03)2203778
草嶺之聲廣播電臺股份有限公司（小功率）	雲林縣斗六市大智街三十三號一樓	陳寶玉　董事長	FM89.7	(05)5376897 陳先生 傳真 (05)5328722
財團法人臺北勞工教育電臺基金會（小功率）	臺北市北平東路二十四號七樓之六	陳繼盛　負責人	FM91.3	(02)23921055 周明慧 傳真 (02)23958506
財團法人佳音廣播電臺（小功率）	臺北市和平東路二段二十四號十樓	白崇亮　董事長 呂思瑜　臺長	FM90.9	(02)23699050 傳真 (02)23627816

高屏廣播股份有限公司（小功率）	高雄市鼓山區明華路三一五號十九樓之一	賈敏恕 董事長兼臺長	FM90.1	(07)5542106 傳真 (07)5546964
望春風廣播股份有限公司（小功率）	臺中市忠明南路七八九號三十八樓	朱韻華 董事長	FM89.5	(04)22612266 傳真 (04)22630399
淡水河廣播事業股份有限公司（小功率）	臺北縣板橋市文化路二段二八九號三十四樓	林朝清 董事長	FM89.7	陳敏玲 (02)82531288 傳真 (02)82531268
鄉音廣播電臺股份有限公司（小功率）	桃園縣楊梅鎮三民路二段八十六巷十四號一樓	申鈺凌 負責人	FM89.5	(034)819900 傳真 (034)812200
鄉親廣播電臺股份有限公司（小功率）	桃園縣桃園市中正路一二四七號廿一樓	黃淑瑛 董事長	FM91.9	(03)3266161（行政） (03)3572770 傳真 (03)3572770
愛鄉之聲廣播電臺股份有限公司（小功率）	臺南縣善化鎮民生路二六七號	陳榮春 董事長	FM90.7	(06)5831426 傳真 (06)5831422
新竹勞工之聲廣播股份有限公司（小功率）	新竹縣竹東鎮北興路二段十一巷九號八樓（竹東郵政一八二號信箱）	韓錦山 董事長	FM89.9	(03)5940911 傳真 (03)5940143

新雲林之聲廣播電臺股份有限公司（小功率）	雲林縣斗南鎮建國二路一五五號九樓之五	林國義 陳怡君	負責人 臺長	FM89.3	(05)5966451 傳真 (05)5960538
新農廣播股份有限公司（小功率）	新竹縣竹東鎮中興路二 段三一八巷三二弄二三號十一樓之三	吳明增 黃千娥	負責人 總經理	FM89.1	(03)5831157 傳真 (03)5830635
新營之聲廣播電臺股份有限公司（小功率）	臺南縣新營市復興路三○一號十七樓之六	張田黨	董事長	FM90.3	(06)6568605 傳真 (06)6570623
嘉雲工商廣播股份有限公司（小功率）	嘉義市東區短竹里日新街一九五號二十一樓之二	陳鑑鵬	董事長	FM88.9	(05)2756630 傳真 (05)2756639
潮州之聲廣播電臺股份有限公司（小功率）	屏東縣潮州鎮福康街十九號十一樓之二	藍啟仁	董事長	FM90.9	(08)7893050 傳真 (08)7890398
濁水溪廣播電臺股份有限公司（小功率）	雲林縣虎尾鎮北平路二五○號十樓	林山旺	董事長	FM90.1	(05)6339962 傳真 (05)6339819
關懷廣播股份有限公司（小功率）	彰化市中正路二段五四三號	謝尚美 黃秀芳	董事長 臺長	FM91.1	(04)27289595 傳真 (04)7259013
蘭潭之聲廣播股份有限公司（小功率）	嘉義市德明路七三號十九樓之二	高國勛	董事長	FM90.9	(05)2274930 (05)2815182 傳真 (05)2815183

第五梯次調頻小功率電臺聯絡電話及住址

電臺名稱	電臺地址	電臺負責人	主要收聽頻率	聯絡電話
大樹下廣播電臺股份有限公司（小功率）	臺北市延平北路二段二○二號七樓之三	林義傑　董事長	FM90.5	(02)29262805 (02)25534522
中原廣播股份有限公司（小功率）	宜蘭縣羅東鎮純精路三段一六二之三號十三樓	江冠達　負責人	FM89.1	(039)558899 傳真 (039)560096
太平洋之聲廣播股份有限公司（小功率）	宜蘭縣羅東鎮公正路五七一號二十一樓	王麗珠　董事長	FM91.5	行政電話 (03)9613838 (03)9612899 0937058059（王小姐） 傳真 (03)9612897
花蓮希望之聲廣播電臺股份有限公司（小功率）	花蓮市花崗街四十二巷一之五號六樓之一	張澄溫　董事長	FM90.5	(038)320463 傳真 (038)320462
後山廣播電臺股份有限公司（小功率）	花蓮市中福路九十六號	曾國智　董事長	FM89.7	(03)8322333 傳真 (03)8362211
苗栗正義廣播電臺股份有限公司（小功率）	苗栗縣苑裡鎮博愛路五號	呂水木　董事長	FM88.9	(037)860777 傳真 (037)860447

財團法人中港溪廣播事業基金會（小功率）	苗栗縣竹南鎮文林街四十七號十六樓之一	錢復蓀　董事長	FM91.3	(02)23698287 (037)471495 Fax:02-23699630
財團法人太魯閣之音廣播事業基金會（小 功 率）	花蓮縣花蓮市中華路二一二號九樓之一	畢元釗　董事長	FM91.3	(038)359321 FAX(038)359320
財團法人北宜產業廣播事業基金會（小功率）	宜蘭市延平路三十八巷三十八之四號七樓	陳泉旺　董事長	FM89.9	(03)9382650
財團法人臺北健康廣播電臺（小功率）	臺北市北投路二段十三號十樓之一	鐘煥峰　董事長	FM90.1	(02)28986901 傳真 (02)28965398
財團法人臺東知本廣播事業基金會（小功率）	臺東市新生里二十鄰四維路三段五十九巷八號十二樓之十	錢亞蓀　董事長	FM91.3	(089)351376 傳真 (089)351366
財團法人民生展望廣播事業基金會（小功率）	雲林縣北港鎮文化路三七之二四號十四樓	張東洋　董事長	FM 90.5	(05)7830391
財團法人苗栗客家文化廣播電臺（小功率）	苗栗市水源里陽明山莊一四一號三樓	李能棋　董事長	FM91.7	(037)363171 (037)363170 Fax:037363170

財團法人真善美廣播事業基金會（小功率）	臺中市西屯區福科路九五〇號十五樓之二聯絡地址：臺北市羅斯福路二段一〇二號二十五樓	梁家樸　董事長	FM89.9	(02)83692698#322 (04)24624775 傳真 (02)83692399 (04)24624774
財團法人澎湖社區廣播事業基金會（小功率）	澎湖縣馬公市水源路二之一號六樓之二	劉銘龍　負責人	FM89.7	0932042509（彭臺長） (06)9270802 傳真 (06)9270765
曾文溪廣播電臺股份有限公司（小功率）	臺南縣善化鎮大信路六十五號十一樓	孫杏林　董事長	FM89.9	(06)5810107 傳真 (06)5810094
鄉土之聲廣播股份有限公司（小功率）	高雄市民權二路三七八號二十一樓之三	涂進益　董事長	FM91.7	(07)5361780 傳真 (07)5361820
嘉南廣播電臺股份有限公司（小功率）	臺南市北區西門路四段二七一號八樓之一	陳金成　董事長	FM91.9	(06)2827919 傳真 (06)2825919
嘉義之音廣播電臺股份有限公司（小功率）	嘉義市大雅路一段二〇九號十樓之一	田安豐　董事長	FM91.3	(05)2778632 傳真 (05)2778408
澎湖風聲廣播電臺股份有限公司（小功率）	澎湖縣馬公市石泉里一之二〇四號一樓	蔡銀杏　董事長	FM91.3	0919770408（楊小姐） (06)9218111 傳真 (06)9218379

第六梯次金馬地區小功率電臺聯絡地址

電臺名稱	電臺地址	電臺負責人	主要收聽頻率	聯絡電話
金馬之聲廣播電臺股份有限公司（小功率）	公司地址：金門縣金寧鄉伯玉路一段二四〇巷十一號	陳秋和　負責人 戴清富　總經理	91.7MHz 99.3MHz （90.10.19發照）	戴清富 0956678888 戴先生 (082)322121 (082)372693

第七梯次調頻中功率電臺聯絡電話及住址

電臺名稱	電臺地址	電臺負責人	主要收聽頻率	聯絡電話
天天廣播電臺股份有限公司（中功率）	臺中市忠明南路七六〇號四十二樓	溫明宏　董事長	FM96.9	(04)22658999 傳真 (04)22658188
主人廣播電臺股份有限公司（中功率）	高雄市苓雅區輔仁路一五五號十七樓	林珍妮　負責人	FM96.9	(07)7710969 傳真 (07)7711200
冬山河廣播電臺股份有限公司（中功率）	聯絡地址：宜蘭縣蘇澳鎮漁港路八十三號臺址：宜蘭縣羅東鎮純精路三段一六二號之五十三樓	林江美蓮　董事長 江春福　臺長	FM105.5	(039)565566 傳真 (039)557899
城市廣播股份有限公司（中功率）	臺中市南區忠明南路七五八號二十八樓	袁志業　董事長 蘇明傳　總經理	FM92.9	(04)22600210 22669888 傳真 (04)2653981

凱旋廣播事業股份有限公司（中功率）	臺南縣永康市中華路四二五號二十一樓之二	石秋清　負責人	FM97.9	(06)2037979 傳真 (06)2031979
嘉樂廣播事業股份有限公司（中功率）	嘉義市小雅路一九三號十六樓之一	黃汝崇　董事長	FM92.3	(05)275-4020 傳真 (05)2754010
澎湖廣播事業股份有限公司（中功率）	澎湖縣馬公市石泉里一鄰一之二〇四號二樓	吳金昆　董事長 周中建　臺長	FM96.7	(06)9218400 0919770408（楊小姐） 傳真 (06)9218397
歡樂廣播事業股份有限公司（中功率）	花蓮市林森路一九六號三樓之二	童春發　董事長	FM98.3	(03)8337000 工程部 (03)8344347
靉友之聲調頻廣播股份有限公司（中功率）	電臺服務處：彰化市金馬路三段八一八號公司：彰化縣彰化市平和里林森路一七三號十二樓	劉榮東 董事長兼臺長	FM97.3	(04)7619035 傳真 (04)761-9015

第八梯次臺北地區客語中功率電臺聯絡地址

電臺名稱	電臺地址	電臺負責人	主要收聽頻率	聯絡電話
財團法人寶島客家廣播電臺（中功率）	臺北市羅斯福路二段九十一號十七樓之二	梁榮茂　董事長	FM93.7	(02)23657202 傳真 (02)23659143

第九梯次指定用途調頻電臺聯絡地址

電臺名稱	電臺地址	電臺負責人	主要收聽頻率	聯絡電話
大漢之音調頻廣播電臺股份有限公司（中功率）	苗栗縣頭份鎮信東路一之一號	張金松　董事長	FM97.1	(037)667971 傳真 (037)681817
全球通廣播股份有限公司（小功率）	臺中縣豐原市田心里中山路二二六號三樓	李金榮　董事長	FM92.5	(03)25155868 FAX(04)25155878
高屏溪客家與原住民母語廣播股份有限公司（中功率）	高雄縣大樹鄉九曲村九大路一六一號十七樓	倪必超　董事長	FM106.7	(07)6529506 FAX(07)6510383

第九梯次一般性調頻電臺聯絡地址

電臺名稱	電臺地址	電臺負責人	主要收聽頻率	聯絡電話
大寶桑廣播電臺股份有限公司（小功率）	臺東市連航路八十三號	溫明鴻　發起人	FM92.5	(089)239789
青春廣播電臺股份有限公司（中功率）	臺南市臨安路二段五十三號 15-2	高志明　董事長	FM98.7	(06)2808987 傳真 (06)2806780

指南廣播電臺股份有限公司（中功率）	臺南市臨安路二段五十三號15-2	黃崑虎　董事長	FM106.5	(06)2806815 傳真 (06)2806780
天鳴廣播電臺股份有限公司（小功率）	苗栗縣竹南鎮民權街五十一巷三號四樓	王文雄　董事長	FM90.5	(037)550268 傳真 (037)468154 張美雲 0925709709
太陽廣播電臺股份有限公司（小功率）	臺中市臺中港路一段二四二號四樓之三	溫翠琴 董事長兼臺長	FM89.1	(04)23283689 (04)23288891　林主任 傳真 (04)23295891
正港廣播電臺股份有限公司（中功率）	嘉義市德明路七十三號四樓之二	吳奇為　董事長	FM98.9	(02)2332-1493 吳奇為 (02)2507-9241
竹科廣播股份有限公司（中功率）	新竹市光復路二段二八七號十一樓之二	張孝威　董事長	FM97.5	(03)5163975*111 (02)27725975 轉10 FAX(03)5163191
東方廣播股份有限公司（中功率）	宜蘭縣羅東鎮純精路一六八號十三樓	楊碧村　董事長	FM99.5	(03)9560077 傳真 (03)954-7767
青山廣播電臺股份有限公司（中功率）	臺中市西區大隆路二十號十二樓之七	施志昇　董事長	FM101.1	(04)22227621

馬祖生活資訊電臺股份有限公司（中功率）	馬組南竿鄉牛背嶺公視轉播站	朱復轟　臺長	FM98.5	0836-26989 0836-26985 傳真 0836-26987 手機 0932143313
紫色姊妹廣播電臺股份有限公司（中功率）	雲林縣虎尾鎮林森路一段四一六巷三四號四樓	梁瓊丹　董事長	FM105.7	(05)6328676 傳真 (05)6310037
陽光廣播電臺股份有限公司（中功率）	高雄市苓雅區自強三路三號二十一樓之七	吳仁春　董事長	FM99.1	07-5666855 傳真 (07)2828272
嘉義環球調頻廣播電臺股份有限公司（中功率）	嘉義市啟明路五十四號	陳忠勇　董事長	FM107.1	(05)2751000 傳真(05)2758877
噶瑪蘭廣播電臺股份有限公司（中功率）	宜蘭縣五結鄉中正路三段一七五巷三十六號	王俊森　董事長	FM97.9	(03)9958979 0928-835676
貓貍廣播電臺股份有限公司（小功率）	苗栗市南勢里大坪營八十八號	劉秀梅 負責人兼臺長	FM90.9	(037)370-178 傳真 (037)370-318 0963345999
鴻聲廣播事業股份有限公司（中功率）	苗栗市勝利里十九鄰金陽街三十號六樓	林港　董事長	FM102.3	(037)361133 傳真(037)371133

豐蓮廣播電臺股份有限公司（小功率）	花蓮市富強路二十二號七樓之一	賴素月　負責人	FM90.1	(038)462901 (038)462909 (038)462900 FAX:(038)462902
羅東廣播股份有限公司（小功率）	宜蘭縣羅東鎮光榮路二六九之十九號二樓	楊文慶　負責人	FM90.3	(039)556767 (039)547878
寶島新聲廣播電臺股份有限公司（中功率）	臺北市敦化南路一段三號二樓之一	賴茂州　董事長	FM98.5	(02)2579-0000 傳真 (02)2579-2985
歡喜之聲廣播電臺股份有限公司（中功率）	臺中市臺中港路一段二四二號六樓之一	蔡美雲　董事長	FM105.5	(04)23196768 傳真 (04)23198578

第九梯次申准籌設一般性調頻電臺聯絡地址

電臺名稱	電臺地址	電臺負責人	主要收聽頻率	聯絡電話
大地之聲廣播電臺籌備處（中功率）	高雄市苓雅區自強三路三號二十一樓之六	鄭光博　發起人	FM93.9	07-5666855
太武之春廣播電臺股份有限公司（中功率）	金門縣金湖鎮新湖里塔后二六八號	林奎佑　發起人	FM92.9	(082)322929
臺灣聲音廣播電臺籌備處（中功率）	臺北市民權東路二段二十六號二樓之二	吳文欽　發起人	FM97.7	(02)25626681 傳真 (02)25629009

領袖廣播電臺籌備處（中功率）	高雄市苓雅區自強三路三號二十一樓之六	黃錦瑭　發起人	FM93.7	(06)3361937 許淑羚
蓮花廣播電臺籌備處（中功率）	高雄市三民區興隆街三十一號十三樓	李風鈴　發起人	FM93.5	0926819835 傳真 (07)5565838
蘭友廣播電臺籌備處（小功率）	宜蘭縣宜蘭市梅洲里大坡路二段一三九巷十七號	林朝煌　發起人	FM91.9	(02)25779998 傳真 (03)9386608

第十梯次申准籌設指定用途調頻電臺聯絡地址

電臺名稱	電臺地址	電臺負責人	主要收聽頻率	聯絡電話
東民廣播電臺籌備處（中功率）	臺東市興盛路二十一號	李玟如　發起人	FM98.7	(089)236046
花蓮客家廣播電臺籌備處（小功率）	花蓮市富祥街二一三號	蔡平陽　發起人	FM91.7	(038)571980
蓮友廣播電臺籌備處（小功率）	臺北縣三重市重新路四段二四四巷二十七號四樓	宋友宜　發起人	FM92.5	(02)2974-0677 0931-381518

附錄四

調頻廣播電臺指配頻率及設臺地區表

更新日期：2004/4/1

頻率(兆赫)	基隆	臺北	桃園	新竹	苗栗	臺中	南投	彰化	雲林	嘉義	臺南	高雄	屏東	恆春	宜蘭	花蓮	臺東	澎湖	金門	馬祖
88.1		世新(學)									南臺(學)									
88.3		銘傳(學)									長榮(學)					慈濟(學)				
88.5		輔仁(學)　文化(學)																		
88.7		淡江(學)　政大(學)																		
88.9	日日春(小)	全景社區(小)			苗栗正義(小)					嘉義工商(小)			金臺灣(小)			教育(小)			教育	
89.1						小太陽(小)									中原調頻(小)					
89.3				新農(小)					新雲林(小)		南都(小)		南屏(小)							
89.5		鄉音(小)				望春風(小)			草嶺之聲(小)		人生(小)	民生之聲(小)								
89.7		淡水河(小)														後山(小)	臺東之聲(小)	澎湖社區(小)		

頻率	電臺名稱（由下至上）
89.9	新竹勞工之聲(小)、真善美(小)、曾文溪(小)、北宜產業(小)
90.1	臺北健康(小)、竹塹(小)、濁水溪(小)、高屏(小)、豐連(小)
90.3	大樹下(小)、天鳴(小)、新營之聲(小)、羅東(小)
90.5	大新竹(小)、貓貍(小)、下港之聲(小)、西瀛之聲(小)
90.7	佳音(小)、山海屯(小)、山城(小)、民生展望(小)、愛鄉之聲(小)、宜蘭之聲(小)
90.9	大溪(小)、中港溪(小)、蘭潭之聲(小)、關懷(小)、潮州之聲(小)、希望之聲(小)
91.1	勞工教育(小)、中臺灣(小)、商城之聲(小)
91.3	美聲(小)、客家文化(小)、嘉義之音(小)、大武山(小)
91.5	女性生活(小)、自由之聲(小)、北回(小)、太平洋(小)、大魯閣之音(小)、臺東知本(小)、澎湖鳳聲(小)、金馬之聲(小)、教育(小)
91.7	鄉親(小)、中部(小)、嘉南勞工(小)、屏東鄉土(小)、花蓮客家(小)
91.9	飛碟(中)、新苗(小)、嘉樂(中)、金聲(中)、蘭友(小)
92.1	女性生活(小)、鄉親(小)
92.3	嘉樂(中)、新苗(小)、鄉親熱線(小)

頻率	電臺（功率）
92.5	屏東之聲（小）、全球通（小）
92.7	大寶桑（小）、連友（小）、臺南之聲（小）、亞洲（中）
92.9	大武之春（中）、城市（中）
93.1	警廣（大）、臺北（大）
93.3	臺嘉（中）
93.5	連花（中）、奇都（中）、新客家（中）
93.7	領袖（中）、寶島客家（中）
93.9	大地之聲（中）
94.1	警廣（大）
94.3	警廣（大）、警廣（大）、高雄（大）
94.5	警廣（大）
94.7	
94.9	
95.1	
95.3	
95.5	
95.7	
95.9	

頻率	電臺
96.1	中廣（中）
96.3	中廣（大）
96.5	澎湖（中）、環宇（中）
96.7	主人之聲（中）、天天（中）、臺灣聲音（中）
96.9	大漢之音（中）、綠色和平（中）
97.1	宜蘭之聲中山（中）、臺南知音（中）、親友（中）、IC之音（中）
97.3	好家庭（中）
97.5	教育（大）、快樂（中）、教育（中）
97.7	凱旋（中）
97.9	噶瑪蘭（中）、大苗栗（中）、臺灣全民（中）
98.1	寶島新聲（中）
98.3	歡樂（中）、港都（中）、每日（中）
98.5	青春（中）
98.7	東民（中）、正港（中）、人（中）
98.9	馬祖生活（中）

頻率 (MHz)	電台（由上而下）
99.1	教育（大）、陽光（中）、大千（中）
99.3	金馬之聲（小）、教育（中）、新聲（中）
99.5	蘭嶼（中）、東方（中）、神農（中）
99.7	南投調頻（中）、臺北愛樂（中）
99.9	大眾（中）、ICRT（大）、教育（中）
100.1	教育（大）、教育（大）、寶島（中）
100.3	ICRT（大）、臺中調頻（中）、ICRT（大）
100.5	
100.7	演藝（大）、青山（中）、山明水秀（中）
100.9	警廣（大）、警廣（大）、警廣（大）
101.1	教育（大）、中廣（大）
101.3	
101.5	教育（大）
101.7	中廣（大）、中廣（大）、中廣（大）、中廣（大）
101.9	
102.1	中廣（大）

頻率 (MHz)	電臺
102.3	濟聲（中）
102.5	北臺之聲（中）
102.7	古都（中）
102.9	教育（大）・中廣（大）・中廣（大）・中廣（大）
103.1	中廣（大）
103.3	中廣（大）・中廣（大）
103.5	教育（大）・教育（大）・教育（大）・正聲（中）
103.7	中廣（大）・教育（中）・中廣（大）・中廣（大）
103.9	南臺灣（中）
104.1	
104.3	中廣（大）・漢聲（大）
104.5	
104.7	
104.9	警廣（大）・警廣（中）・警廣（大）・警廣（大）
105.1	
105.3	漢聲（大）・歡喜之聲（中）
105.5	教育（大）・冬山河（中）

頻率	電臺
105.7	中廣（大）、紫色姊妹（中）
105.9	中廣（大）
106.1	漢聲（大）、臺中全國（中）
106.3	指南（中）
106.5	警廣（中）、中廣（大）
106.7	高屏溪（中）
106.9	中廣（中）
107.1	中廣（大）、嘉義環球（中）、桃園（中）
107.3	蘭陽（中）、漢聲（中）、漢聲（大）、中廣（小）
107.5	臺北之音（中）
107.7	東臺灣（中）、教育（中）、復興（大）
107.8	
107.9	

國家圖書館出版品預行編目資料

廣播學新論／洪賢智著. ーー四版.ーー臺北
市：五南, 2013.11
　面；　公分
ISBN 978-957-11-7373-3（平裝）
1.廣播學
557.76　　　　　　　　102020359

1Z72

廣播學新論

作　　者 ─ 洪賢智(164.2)

發 行 人 ─ 楊榮川

總 經 理 ─ 楊士清

總 編 輯 ─ 楊秀麗

副總編輯 ─ 陳念祖

責任編輯 ─ 李敏華

封面設計 ─ 莫美龍

出 版 者 ─ 五南圖書出版股份有限公司

地　　址：106台北市大安區和平東路二段339號4樓

電　　話：(02)2705-5066　傳　　真：(02)2706-6100

網　　址：http://www.wunan.com.tw

電子郵件：wunan@wunan.com.tw

劃撥帳號：01068953

戶　　名：五南圖書出版股份有限公司

法律顧問　林勝安律師事務所　林勝安律師

出版日期　2003年 9 月初版一刷
　　　　　2006年 2 月二版一刷
　　　　　2008年 1 月三版一刷（共五刷）
　　　　　2013年11月四版一刷
　　　　　2019年10月四版二刷

定　　價　新臺幣420元